FLORE OLIVE

75 ANS de CONFLITS MONDIAUX

PARIS MATCH SUR TOUS LES FRONTS

HORS COLLECTION

PARIS MATCH

En couverture : Le 30 avril 1967, alors que le 3e régiment de marines part à l'assaut de la côte 881, l'infirmier Vernon Wike, hébété, ne veut pas quitter son camarade, Rock, mort dans ses bras. « *J'entends un coup de feu, puis c'est le silence,* décrira-t-il dans *Match. Je lève la tête et je vois Rock qui grimpe la colline. Je suis comme dans un tunnel de silence. Je le vois s'écrouler. Je me précipite vers lui.* » Quinze jours après avoir pris ce cliché, Catherine Leroy est blessée à son tour par des éclats de mortier. « *J'avais peur, c'était affreux* », confiera-t-elle, depuis le bateau-hôpital américain où elle est soignée. « *Nous avancions d'une clairière à l'autre mais les mortiers nous suivaient partout. Dix-sept blessés le premier jour. Je pensais tout le temps : "Cela va m'arriver." Pourtant, je n'ai pas entendu celui qui m'a touchée.* »

Hors Collection, un département d'Edi8
92, avenue de France 75013 Paris
Tél. : 01 44 16 09 00
Courriel : info@lisez.com
Site Internet : www.lisez.com

ISBN : 978-2-7014-0459-2
Code éditeur : X40459/01

Dépôt légal : octobre 2025
Achevé d'imprimer en Italie par L.E.G.O. S.p.A.

PRÉFACE

Que reste-t-il du XXe siècle et des deux décennies suivantes ? Quelques œuvres d'art certes mais surtout des images et des témoignages des heures sombres qui ont endeuillé notre planète. Des conflits issus des feux mal éteints d'un embrasement mondial ou de la décolonisation, des guerres que les plus optimistes qualifient « de libération », d'autres que l'on appelle « civiles », des mouvements pour se débarrasser d'un dictateur, des invasions de voisins insatiables, des réminiscences de l'Histoire, des folies humaines... Autant d'événements qui ont émaillé nos enfances et parfois nos légendes familiales. Mais les guerres se différencient des monuments ou des chefs-d'œuvre car nous nous efforçons de les oublier. Un réflexe salutaire mais qui, mené à son terme, menace d'amputer notre mémoire collective de ses promontoires les plus décisifs et les plus formateurs.

Avant que les historiens ne s'emparent de ces heures sombres, et n'y ajoutent les couleurs d'une vérité irréprochable, une cohorte de reporters s'efforcent de se frayer un chemin entre la propagande et la désinformation, entre le danger et la peur, entre les menaces et l'épouvante. Souvent au péril de leur vie et rarement à l'invitation des belligérants. Leurs mots et leurs images rendent concret ce que tant d'autres veulent taire.

C'est à eux que cet ouvrage est dédié. Ces descendants d'Ernest Hemingway et de Robert Capa, qui quittent le confort de leurs rédactions et de leurs capitales occidentales pour se rendre là où ils ne sont pas les bienvenus. Qui font de l'information un devoir, quoi qu'il en coûte. Depuis 1949, *Paris Match* ouvre ses colonnes et ses écrans à ces héros silencieux. Ce livre est leur œuvre collective, qui prend parfois une tournure innommable mais sur laquelle il est plus nécessaire que jamais de déposer des photos et des mots.

Jérôme Béglé
Directeur des rédactions
Directeur général
Paris Match

AUX PASSEURS DE MÉMOIRES

Se plonger dans les archives de *Paris Match* est un exercice à la fois grisant, passionnant, et bouleversant... J'ai exhumé des pépites, des photos jamais publiées et qui méritaient d'être vues, mais aussi les textes de journalistes aux plumes flamboyantes trempées dans les plaies de l'Histoire. J'ai imaginé à quoi pouvait bien ressembler l'équipe du magazine à sa naissance en 1949, quand la plupart de ses rédacteurs et photographes étaient encore soit des protagonistes, soit des héritiers directs de la Seconde Guerre mondiale. Algérie, Indochine, Salvador, Nicaragua, Tchad, Rwanda, Libye, Irak, Liban, Ukraine... Enfants du baby-boom, de Mai 68, de la guerre froide ou du 11-Septembre... À chaque époque ses guerres et ses générations de reporters. Pour *Paris Match*, depuis plus de soixante-quinze ans, ils se sont rendus sur tous les fronts. Y ont été blessés, enlevés, parfois tués. Mais le journal n'a jamais renoncé à produire et à publier ces reportages qui ont fait sa renommée et qui constituent le sel de notre métier.

Couvrir un conflit, c'est témoigner de la violence, de la douleur, de l'absurdité comme de l'injustice, et, quelque part, les dénoncer. C'est aussi passer sa vie dans le malheur des autres, de tous ceux qui, après un coup d'État, de sinistres provocations ou une invasion, se sont réveillés un matin dans un autre monde. Et dont les existences ont été fracassées. Les témoignages de ces enfants, de ces femmes et de ces hommes nous poussent à aller plus loin. Parce qu'ils tiennent à ce que nous sachions tout de leurs souffrances, de leurs luttes, de leurs espoirs et de leurs révoltes. Parce qu'ils savent que ce dont on ne parle pas n'existe pas. Leur confiance nous oblige. Non pas à une quelconque objectivité mais à la plus grande honnêteté.

Couvrir un conflit, c'est aussi dépendre des forces en présence, dont il faut toujours se méfier, voire se défier, mais parfois seules capables d'autoriser ou de refuser l'accès à une information qu'elles prennent souvent bien soin de verrouiller ou de manipuler. Car si le choc des photos et le poids des mots n'ont pas le pouvoir de faire gagner ou perdre une guerre, ils peuvent en infléchir le cours. Le combat, plus que jamais, se joue aussi sur ce terrain-là.

Flore Olive
Grand reporter à *Paris Match*
Chef du service Archives-editing

SOMMAIRE

PARIS MATCH SUR TOUS LES FRONTS

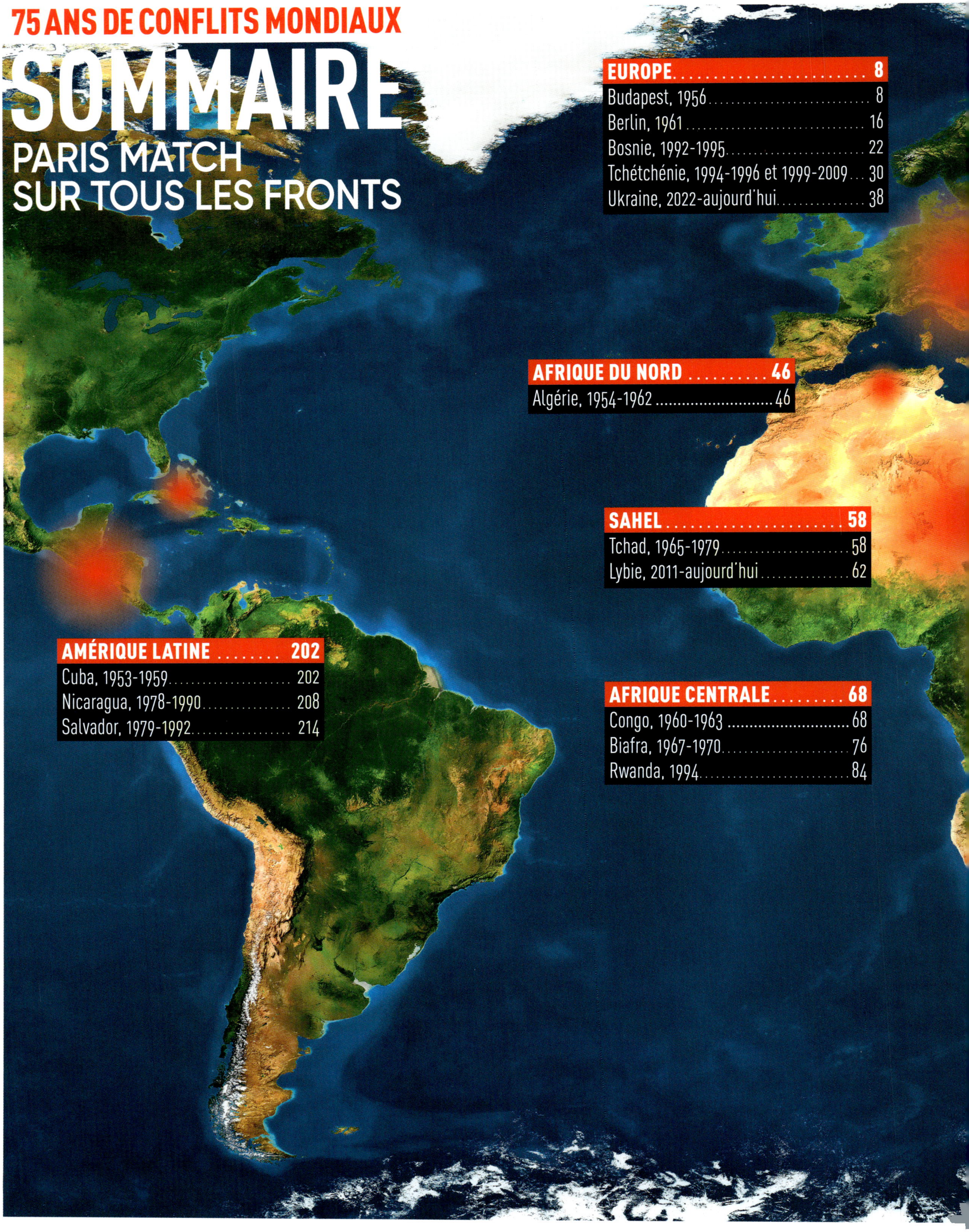

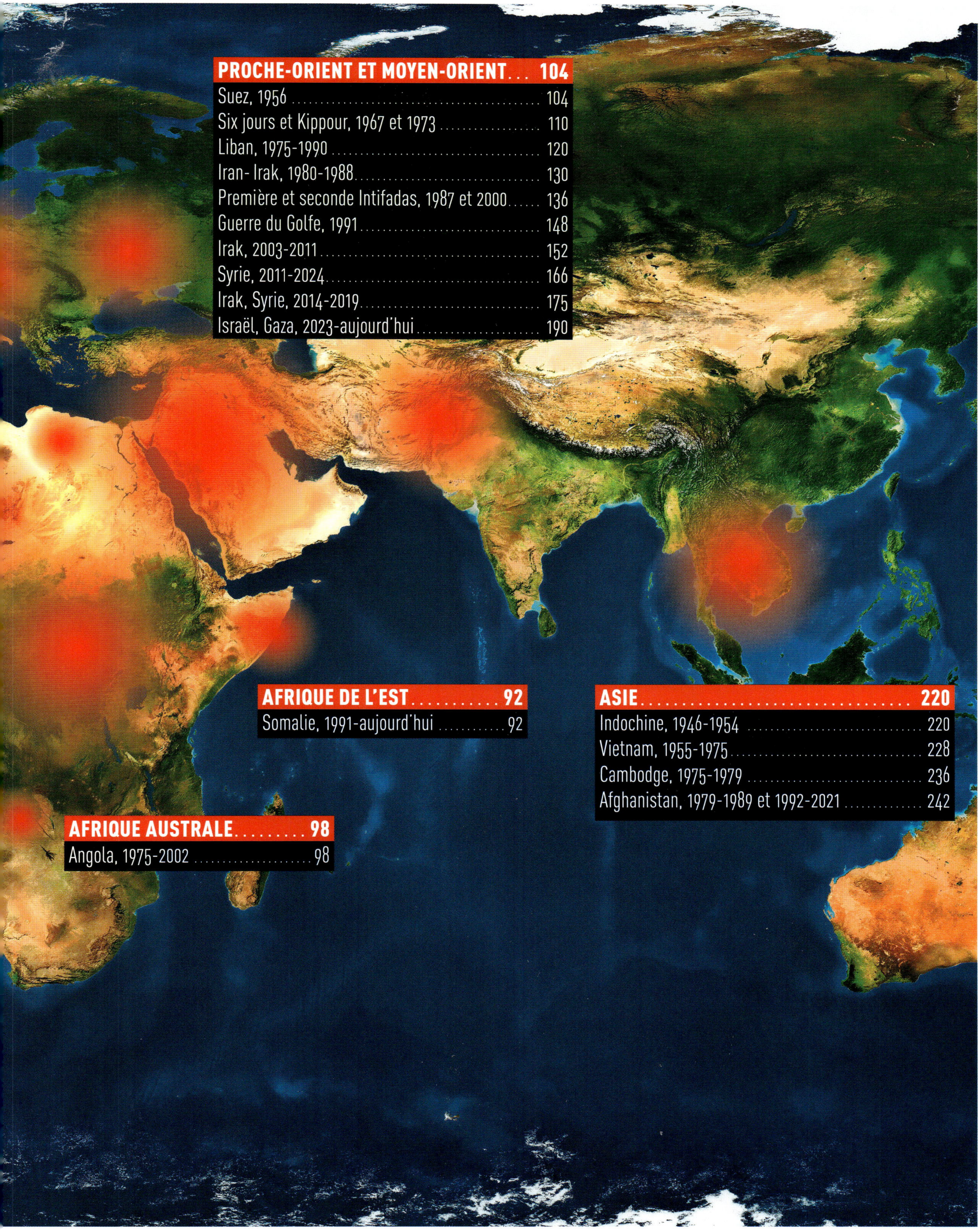

BUDAPEST
LA LIBERTÉ ASSASSINÉE

1956

L'insurrection de Budapest a commencé par des obsèques : ce 6 octobre 1956, Laszlo Rajk, ancien ministre des Affaires étrangères, exécuté par pendaison pour « titisme », est inhumé une seconde fois après avoir été réhabilité. La symbolique est forte : avec ces funérailles, c'est aussi le stalinisme que la foule, nombreuse, veut enterrer. Les germes de la contestation sont posés. Moins de deux semaines plus tard, le 23 octobre, en une nuit, une manifestation étudiante se transforme en révolte populaire. En tirant sur les manifestants, les autorités ne font que renforcer leur détermination. Très vite, ce mouvement, à la fois antistalinien et anticapitaliste, souvent comparé à la Commune de Paris, est rejoint par les ouvriers et s'étend à tout le pays. Une première dans le bloc de l'Est, une faille qui pourrait faire vaciller tout l'Empire soviétique. Le Kremlin envoie alors plus de 4 500 chars et 200 000 soldats dans la capitale hongroise. La répression est d'une violence inouïe.

S'opposer à la censure, raconter ou photographier ces affrontements, qui coûteront la vie à plus de 3 000 Hongrois, relève alors de l'exploit. Le photographe de *Match* Jean-Pierre Pedrazzini, 29 ans, en mourra le 7 novembre 1956, après avoir été mitraillé depuis un char soviétique. Les images de ces jeunes affrontant les blindés à coups de cocktail Molotov bouleversent les opinions publiques mondiales, mais ne font pas bouger les puissants.

Comme le décrit très bien le journaliste de *Paris Match* Raymond Cartier, les démocraties occidentales abandonnent la Hongrie à son triste sort. Les espoirs de liberté comme d'indépendance sont écrasés en à peine quinze jours et le peuple, maté, retombe sous le joug soviétique, claquemuré derrière le rideau de fer.

LES HÉROS DE L'ESPOIR

Ces deux gavroches, Gyuri et Jutka, originaires des faubourgs ouvriers de la ville, y croient encore. mais leur révolution va être noyée dans le sang.

Les Hongrois ont des excuses à attendre de nous, les Occidentaux, qui n'avons pas eu le courage de les arracher à l'abjection.

Raymond Cartier
Paris Match, n° 401, 15 décembre 1956

La place des Héros était entourée d'un cordon de soldats russes. Les femmes s'avancèrent jusqu'à toucher les canons des mitraillettes. « Nous sommes sans armes. Nous n'avons que des fleurs. Avez-vous peur des fleurs ? » Pâle, un jeune officier tira. Une femme tomba, atteinte à la jambe. Personne ne recula. Ce qui flotta d'une manière perceptible, ce fut la ligne de jeunes soldats étrangers interposés entre 15 000 mères et épouses hongroises et la tombe du Soldat inconnu sur laquelle elles voulaient honorer les dizaines de milliers de combattants morts pour l'indépendance et pour la liberté. Le cordon de soldats s'ouvrit comme s'il cédait sous la pression de tant de courage. Et le petit mausolée de marbre blanc fut bientôt recouvert de fleurs et de branchages représentant les trois couleurs de la patrie : rouge, blanc et vert. Il y avait un mois que l'insurrection de Budapest avait éclaté. Il y avait trois semaines que vingt-cinq divisions soviétiques composées en grande partie de Mongols étaient entrées en Hongrie pour relever les troupes d'occupation défaillantes et pour écraser le soulèvement victorieux. Il y avait quinze jours que le gouvernement réinstallé par la force ennemie avait déclaré que l'émeute fasciste était vaincue et que l'ordre, son ordre, était rétabli. Mais les Hongroises bravaient les soldats de la répression, portaient le fier drapeau libéré de l'étoile rouge qui l'avait souillé, pendant dix ans, et déployaient des voiles de deuil dans lesquels il y avait plus de défi encore que de douleur.

La veille, des ouvriers avaient brûlé au bord du Danube des monceaux de journaux gouvernementaux en guise de protestation contre le refus d'autoriser la presse syndicale libre qu'ils exigent. Les témoignages, trop peu nombreux, il est vrai, pour autoriser une conclusion, disent tous la gêne croissante que paraissent éprouver ces soldats soviétiques dont certains demandèrent en arrivant où était le canal de Suez et dont d'autres annoncèrent qu'ils venaient pour en finir avec les comtes et les barons. C'est un fait que les troupes d'occupation, si elles ne pactisèrent pas avec les insurgés, montrèrent une grande mollesse au début du soulèvement. Les nouvelles troupes paraissent à leur tour subir l'influence et prendre la leçon du pays qu'elles avaient pour mission de briser. L'une des choses qui paraissent le moins concevable avec les Russes, c'est qu'il pût exister une guérilla. Elle existe en Hongrie. Les Hongrois fugitifs disent tous qu'ils n'ont jamais pensé ni souhaité que l'Amérique fasse un coup de folie, déchaîne une guerre mondiale pour les secourir. Mais ils ne croyaient pas possible qu'ils fussent abandonnés comme ils estiment l'avoir été. Les plus optimistes espéraient des armes, les plus réalistes attendaient à tout le moins une ardente réaction diplomatique conduite par l'Amérique et appuyée par la mobilisation de ces forces morales auxquelles on croit lorsqu'on espère.

Sur le plan affectif, l'Amérique n'a pas mesuré la tragédie hongroise. Les premiers réfugiés sont arrivés la veille du *Thanksgiving Day*. Ils débarquèrent d'un DC-4 à la base militaire de McGuire, près de New York, dans un vent glacial, les bras chargés de hardes et de marmots, l'esprit chargé des souvenirs tragiques d'une quinzaine pendant laquelle l'histoire s'était écrite dans le sang de leur patrie. On eût voulu qu'ils fussent contents et qu'ils rient comme les vedettes de cinéma.

Une journaliste, Phyllis Battelle, fut la seule à expliquer à ses lecteurs cette « liberté sans rire » et à exprimer ce qu'il y avait de discordant et de dérisoire dans cet accueil. Mais elle n'alla pas jusqu'à écrire que les Hongrois n'ont pas de merci à dire et qu'ils ont au contraire des excuses à attendre de nous tous, les Occidentaux, leurs frères en civilisation, qui n'avons pas eu la force ou le courage de les arracher à l'abjection contre laquelle ils se sont insurgés. Ce que racontent les réfugiés hongrois est prodigieux. Ils sont convaincus qu'il fallait attaquer le communisme de plein front sans compromission et sans rémission. L'Europe en deuil de sa force par sa faute n'a pas pu faire un geste pour l'un de ses peuples, pour l'une de ses provinces qui tentait désespérément d'échapper aux chaînes de l'Asie pour la rejoindre. Elle a au moins senti que le drame hongrois était son drame et non le drame de l'Amérique retournée à l'isolationnisme moral. Une secousse comme celle de la Hongrie révèle de grands courants profonds.

LE ROULEAU COMPRESSEUR RUSSE
Le tristement célèbre char soviétique T-34. Plus de 1500 véhicules de ce type pénètrent dans la capitale hongroise, pilonnée par l'artillerie.

UN DRAPEAU POUR LINCEUL
Parce qu'ils n'ont pas le temps d'enterrer leurs morts, les insurgés improvisent un hommage à l'un des leurs, à même le pavé. Ils entonnent l'hymne hongrois, interdit, et recouvrent la dépouille du drapeau national.

LE MÉPRIS
Dans l'une des artères principales de la capitale, le cadavre d'un tankiste russe sur lequel a été versée de la chaux vive. Sur les dépouilles des insurgés, les habitants posent des fleurs.

PORTE-À-PORTE
Les étudiants et les jeunes ouvriers avancent lentement, bâtiment par bâtiment. Ici, ils répliquent aux tirs des policiers hongrois cachés dans les étages.

DÉTERMINÉES
Les femmes sont en première ligne de l'insurrection.

LA CENSURE

Quand Jean-Pierre Pedrazzini lève son appareil photo pour prendre ce cliché, cet officier porte la main à son revolver. Il craint le pouvoir des images qui sont pour lui des armes redoutables. Malgré les contrôles et les fouilles, ces documents sont tout de même parvenus jusqu'à nous.

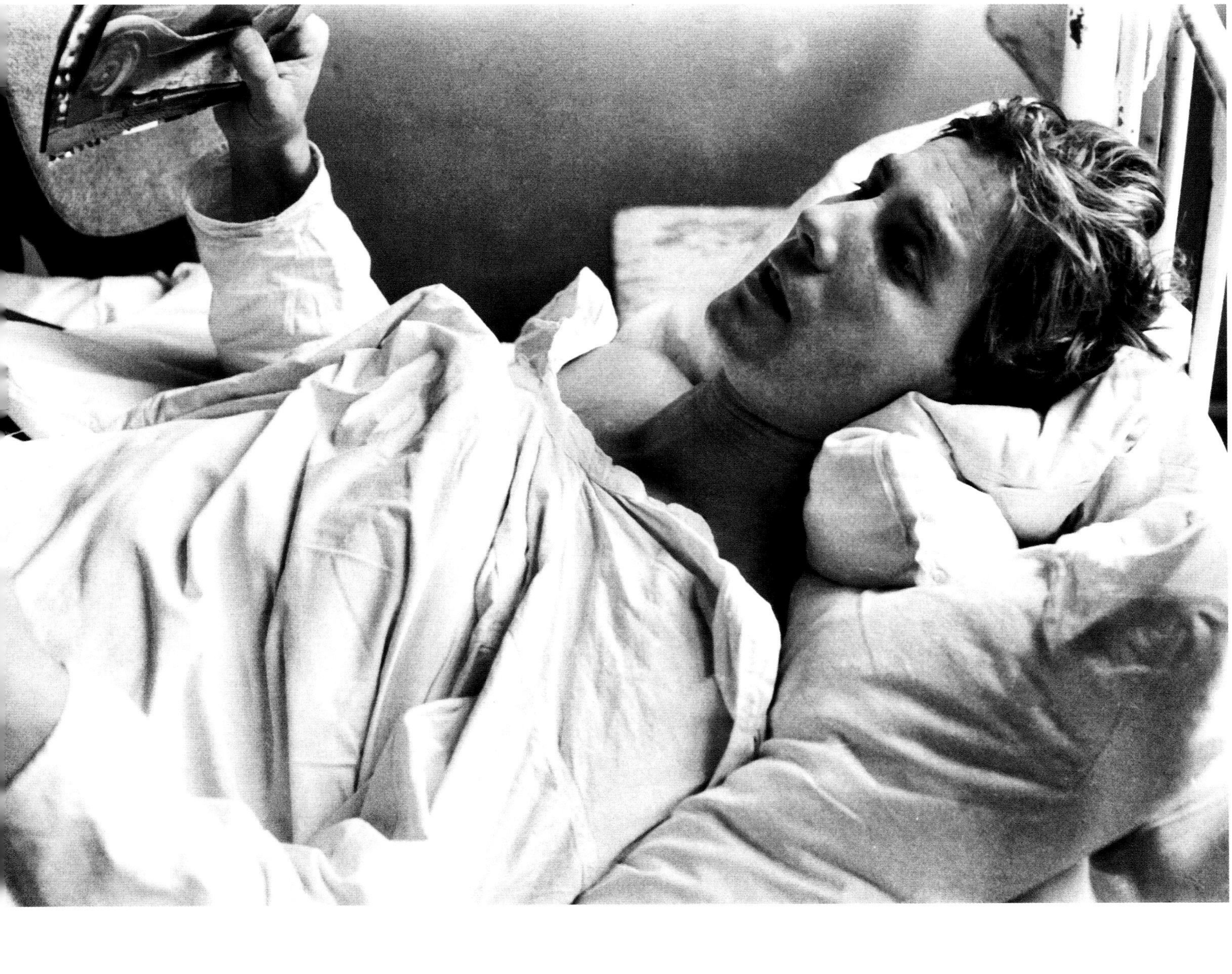

TÉMOIGNER JUSQU'AU BOUT
Dans l'hôpital de Budapest où l'ont amené des patriotes, le 20 octobre 1956, le photographe de Match, *Jean-Pierre Pedrazzini, 27 ans, regarde des tirages de ses derniers clichés. Touché au ventre, au dos et à une jambe par des balles russes, il décédera quelques jours plus tard, le 7 novembre 1956.*

EUROPE

BERLIN
AU PIED DU MUR

1961

Il restera le symbole de la guerre froide : long de 155 km, hérissé de barbelés et truffé de miradors, le mur de Berlin est le seul au monde à avoir été édifié pour empêcher les gens non pas de rentrer dans le pays, mais d'en sortir. Ce « mur de la honte », synonyme de division et d'aliénation, va séparer des milliers de familles, couper en deux la capitale allemande, mais aussi l'Europe et le monde.

Le photographe de *Match* Patrice Habans assista à la pose des premières pierres. Jusqu'à sa construction, lancée dans la nuit du 12 au 13 août 1961, environ 50 000 Berlinois de l'Est, citoyens de la RDA, passaient chaque jour la frontière pour se rendre à l'Ouest, en RFA. Désormais, ils n'ont plus le droit de s'en approcher. Un peu plus de 5 000 franchiront pourtant cet emblème du rideau de fer qui ne tombera que le 9 novembre 1989 et qui entraînera le bloc soviétique dans sa chute. Quatre-vingt-dix-huit d'entre eux l'ont payé de leur vie.

Dominique Lapierre retrace la tentative d'échappée belle de Peter Fechter, jeune ouvrier et irréductible passe-muraille de 18 ans épris de liberté. Touché par les gardes-frontières, il agonisera durant cinquante-cinq minutes dans le no man's land entre les deux Allemagnes.

LES PIERRES DU RIDEAU DE FER

Ici, le 13 août 1961, l'une des rares photos de la construction du mur, commencée la nuit précédente.

Deux balles atteignent Peter dans le dos. Sous le choc, il se retourne et reçoit une rafale dans le ventre.

Dominique Lapierre

Paris Match, n° 704, 6 octobre 1962

Vendredi 17 août. Sur le chantier de Berlin-Est situé à l'angle d'Unter den Linden et de la Wilhelmstrasse, à une centaine de mètres de la porte de Brandebourg, un coup de sirène annonce la pause de midi. Voilà six semaines que Peter Fechter et Kurt Endsig, deux maçons de 18 ans, travaillent ensemble. Ils sont les meilleurs copains. Quand Peter consulte la grosse montre que lui a offerte sa sœur pour son seizième anniversaire, il n'a plus que deux heures à vivre : il est midi dix. « On a encore vingt minutes, s'exclame Peter. Viens, Kurt, allons voir le Mur ! » Depuis que les deux maçons travaillent sur ce chantier, ils y vont presque tous les jours. Une semaine plus tôt, Peter a écrit à Liselotte, sa sœur, à Berlin-Ouest : « Nous vivons tous ici avec l'espoir que le mur tombera avant l'automne. » Entre le trottoir pair de la Schützenstrasse et la bannière étoilée qui flotte à l'entrée du secteur américain, c'est un no man's land hérissé de barbelés, de herses antichars, de murs en chicane, de blockhaus, de miradors. Les grepos de garde dans ce quartier interdit regardent passer les deux jeunes gens sans leur demander leurs papiers. Avec leurs sabots et leurs salopettes grises, ils les prennent sans doute pour des ouvriers de la scierie voisine. À cet instant, par une porte grande ouverte, les deux maçons découvrent un vaste atelier de menuiserie. Il est désert. Ils entrent pour jeter un rapide coup d'œil, décidés à ressortir aussitôt et à rentrer dare-dare au chantier. Mais par le large vasistas qui surmonte une porte au fond de la pièce, leurs yeux ont brusquement découvert quelque chose d'extraordinaire : le Mur à moins de 8 m. Mais à peine les deux garçons commencent-ils à battre en retraite qu'ils entendent des voix dans l'atelier. Ce sont les ouvriers qui rentrent de déjeuner et qui retournent au travail ; Peter et Kurt se jettent dans la sciure et les copeaux, pris au piège. Aux policiers de Berlin-Ouest, Kurt dira : « Nous n'avions pas l'intention de profiter de notre situation pour fuir ce jour-là. Nous comptions attendre que les ouvriers finissent leur travail pour rentrer chez nous. Mais l'un des ouvriers a dit qu'il fallait débarrasser les copeaux et la sciure dans la pièce du fond. Cette idée nous donna un frisson et c'est alors que Peter chuchota que, plutôt que d'être pris, il fallait tenter le tout pour le tout et essayer de franchir tout de suite le mur. » Peter aussitôt rampe jusqu'à la porte et constate qu'elle ne tient que par un simple fil de fer rouillé attaché à un clou planté dans le mur. Peter sort la tête par l'ouverture et regarde à gauche et à droite. Miracle ! La Zimmerstrasse est déserte. Les deux fugitifs, qui ne savent pas que trois grepos veillent juste au-dessus de leurs têtes derrière des meurtrières du premier étage, décident alors que le moment est venu d'agir. Peter regarde pour la dernière fois sa montre : il est 14 h 03. « Bonne chance, vieux frère », dit-il à son copain. Le drame va se jouer en quatre secondes.

Peter saute le premier sur le trottoir, immédiatement suivi par Kurt. Empoignant à pleines mains les barbelés de la première clôture, les deux maçons franchissent celle-ci d'un bond et retombent sur le sable qui recouvre la chaussée de la Zimmerstrasse. Ils s'élancent aussitôt vers le mur, qu'ils atteignent ensemble. Personne ne semble les avoir remarqués. Les grepos du premier étage, en tout cas, ne tirent pas. Malgré sa petite taille, c'est Kurt qui, le premier, réussit à arracher un barbelé qui coiffe le mur et à se hisser sur celui-ci. Au moment de basculer de l'autre côté, il voit avec horreur Peter immobile au pied du mur, comme paralysé. « Peter ! hurle-t-il. Peter, viens ! » Un grepo surgit à cet instant de son fortin et ouvre le feu. Kurt a déjà roulé de l'autre côté, mais deux balles atteignent aussitôt Peter dans le dos. Sous le choc, il se retourne et reçoit une rafale dans le ventre. Il se tord de douleur et pousse d'horribles gémissements. S'il était transporté d'urgence dans un hôpital, Peter Fechter pourrait cependant échapper à la fatalité de son geste désespéré ; pour graves qu'elles soient, ses blessures ne sont pas immédiatement mortelles.

Mais par-dessus sa tête, l'Est et l'Ouest ne songent à cet instant qu'à se livrer un duel de grenades lacrymogènes et de bombes fumigènes qui durera cinquante-cinq minutes – le temps que Peter Fechter mettra à mourir. Quand finalement les grepos viendront ramasser son corps, un médaillon au bout d'une chaînette d'or roulera autour de son cou. Autour d'un trèfle à quatre feuilles, trois mots y étaient gravés : « foi, amour, espoir ». C'était le premier cadeau d'Inge, la jolie infirmière qu'aimait le petit maçon d'Unter den Linden.

LA FUITE

Dans la nuit du 12 au 13 août 1961, plus de 3 400 Allemands de l'Est franchissent les clôtures et barbelés dressés à la hâte sur 45 km de long. Ici, le 15 août 1961, un groupe de 150 personnes profite de cette brèche dans le grillage pour rejoindre l'ouest de la ville.

LE FACE-À-FACE
Ces femmes ne pourront bientôt plus se parler. Très vite, le mur viendra remplacer les barbelés.

LA FRONTIÈRE DE LA HONTE
Balade nocturne, un soir de l'été 1962. Le mur, qui fait maintenant plus de 4 m de haut, est là depuis un an et cette habitante de Berlin-Ouest scrute le haut des immeubles situés côté est.

AU-DELÀ DU MUR
Se hisser sur un lampadaire pour observer la vie de l'autre côté est devenu un jeu pour les gamins de l'Ouest, comme ici, à Bernauer Strasse, où se trouve aujourd'hui le mémorial consacré au mur.

Bernauer Straße
französis Sektors

EUROPE

BOSNIE
L'ÉTAT DE SIÈGE

1992-1995

Dans l'ex-Yougoslavie, Bosniaques musulmans, Serbes orthodoxes et Croates catholiques avaient appris à vivre ensemble grâce au communisme qui leur tenait lieu de ciment. Mais avec la chute du bloc de l'Est, le pays s'effondre et affronte les démons des nationalismes qui se déchaînent.

Après un référendum, boycotté par les Serbes, la Bosnie proclame son indépendance le 3 mars 1992. Le 5 avril, des milliers de personnes se rassemblent dans Sarajevo, en faveur de la paix. Des snipers tirent sur la foule : c'est le début du siège de la capitale, qui va durer quatre ans. « À Sarajevo, on apprenait à mourir chaque jour », écrivit alors la journaliste et écrivaine croate Slavenka Drakulic. L'armée et les milices serbes, qui rêvent de dépecer le pays pour rattacher certains territoires à la « Grande Serbie », accentuent leur pression sur les zones occupées par les musulmans.

C'est le cas, notamment, dans la poche de Bihac, assiégée, où s'est rendu le grand reporter de *Match* Michel Peyrard. Il y a rencontré Sanya, 7 ans, qui a perdu une jambe dans une attaque des Serbes, malgré la présence des Casques bleus de l'ONU. Exécutions sommaires, viols collectifs, les hommes du général Ratko Mladic, commandant des forces serbes de Bosnie, multiplient les crimes de guerre et provoquent un exode massif de population au nom de la « purification ethnique », comme ils l'appellent. L'un des points culminants de cette guerre, qui fera 110 000 morts et plus de 2 millions de déplacés, reste le massacre de Srebrenica, où s'étaient réfugiés des milliers de musulmans bosniaques et où 8 000 hommes et adolescents furent assassinés en juillet 1995. Un acte qualifié de « génocide » par l'ONU. La paix reviendra avec les accords de Dayton, signés en décembre de la même année.

« ATTENTION, SNIPER »

Le 2 août 1992, dans les rues de la capitale bosniaque alors assiégée depuis quatre mois. Surpris par les tirs, des civils courent se mettre à l'abri, d'autres restent pétrifiés, tandis que d'autres encore continuent leur chemin comme si de rien n'était.

marketi
UPI
PAZI!
SNAJPER

Amputée, Sanya, 7 ans, attend une prothèse : *« Avec, on peut même porter des talons hauts et jouer à cache-cache. »*

Michel Peyrard

Paris Match, n° 2413, 24 août 1995

Aujourd'hui, pour la première fois Sanya, 7 ans, a dessiné la mer. Une vraie mer vaste comme l'océan. *« Parce que, dans l'eau, on entend moins le bruit que fait la guerre. Mais c'est fini maintenant : Bihac n'est plus une ville assiégée »*, précise-t-elle. Après plus de trois ans de siège, il n'y a pas, chez elle, de place pour l'euphorie. Assise sur le pas de sa porte, la petite fille contemple, à l'image de tous les rescapés de l'enclave, le spectacle de sa propre libération. De temps à autre une auto immatriculée en Suisse, en Autriche ou en Allemagne remonte bruyamment la rue principale. Un homme s'en extrait vivement, tombe à genoux pour en embrasser le bitume. *« Mais que mangiez-vous ? »* demande-t-il. Les habitants désignent l'herbe jaunie du jardin public. *« Et puis du maïs et des haricots secs. »*

À l'image des emmurés vivants des tremblements de terre qui refusent de quitter leur réduit parce qu'ils s'y sentent en sécurité et que l'extérieur représente une menace, les rescapés de Bihac ne se considèrent à l'abri qu'ici, au cœur de la ville criblée d'éclats d'obus. Depuis plusieurs jours, Sanya ne quitte plus guère la maison qui borde la place du marché. Mirjana, sa mère, a d'abord cru que la petite fille guettait la robe et la tablette de chocolat qu'elle lui avait promises en apprenant que l'encerclement de la ville avait été brisé. Mais en vérité, c'est un autre présent qu'attend Sanya. Un cadeau qu'elle n'a jamais cessé d'espérer depuis l'instant où « cela » est arrivé, ce maudit 7 janvier 1993. Neuf mois plus tôt, ils avaient dû quitter en catastrophe Krupac, investi par les Serbes. La famille Petrar, d'origine croate catholique, se sentait avant tout bosniaque : on avait donc rejoint Bihac, à 30 km de là.

Trois mois plus tard, la ville était à son tour assiégée. Ima, le père, pharmacien dans le civil, avait été mobilisé. Ce 7 janvier, il fêtait l'une de ses toutes premières permissions. Il était arrivé du front vers 14 heures, sale et fourbu. Dehors, sur la place du marché, Christian, le fils aîné, et Sanya faisaient du patin à glace. En ce jour de Noël orthodoxe, les Serbes avaient annoncé qu'ils ne bombarderaient pas la ville. Peu avant 15 heures, il y a eu un sifflement, suivi d'une énorme explosion. Mirjana s'est précipitée à l'extérieur. Trois enfants étaient blessés mais Sanya était la plus sévèrement touchée. Un gros éclat d'obus lui avait labouré le genou. Sa mère l'a prise dans ses bras, a couru jusqu'à l'hôpital. Pendant cinq heures, les médecins ont tenté, avec un matériel dérisoire, de ressouder les veines et les tendons déchiquetés. Après deux jours, le membre est devenu noir. Gangrène. L'enfant a été amputée au-dessus du genou.

Lorsqu'à son réveil, Sanya a découvert la vérité, elle s'est mise à pleurer. *« J'étais désemparée, je ne savais pas comment lui expliquer. Je lui ai raconté que les médecins avaient décidé d'envoyer sa jambe très abîmée à Zagreb pour la faire réparer. Là-bas, on allait la soigner et la renvoyer. Sanya avait 4 ans et elle m'a crue. Plus tard, je lui ai expliqué qu'on allait remplacer sa jambe par une prothèse. »* Voilà ce qu'attend Sanya, assise sur le pas de la porte. Elle s'aide de Brenna, sa poupée Barbie, pour expliquer à ceux qui l'interrogent ce qu'est une prothèse. *« C'est une jambe comme celle de Brenna. On peut même porter des talons hauts et jouer à cache-cache. »*

Car les enfants, bien décidés à rattraper le temps perdu quand ils étaient terrés au fond des caves, ont réinvesti la ville. Les garçons, armés de fusils taillés dans le bois, se disputent l'honneur de combattre dans les rangs du mythique 5ᵉ corps du général Atif Dudakovic, érigé en héros de Bihac. Quant aux filles, elles préfèrent accompagner sagement leurs mères, en exhibant leurs plus belles robes. Beaucoup, au cours de ces 1201 jours, n'avaient jamais quitté les limites de leur jardin. Au total, environ 3 000 civils ont péri dans les bombardements.

Sanya ne saura probablement jamais à qui elle doit d'avoir retrouvé l'espoir. Dans l'enclave de Bihac, qui compte des centaines d'invalides, il n'y a aujourd'hui qu'une seule prothèse portée par un jeune soldat privé de sa main. Ce matin, Mirjana est allée prier. Pour que le miracle ait lieu, que son enfant soit enfin appareillé avant que ne résonne la contre-offensive serbe annoncée. L'église catholique est située de l'autre côté de la ville. *« Pourquoi prends-tu le risque d'aller si loin ?* a demandé Sanya en désignant la mosquée voisine. *Tu pourrais aller là. »* Mirjana lui a expliqué que, sans doute, on priait le même Dieu mais dans des maisons différentes. L'enfant a estimé que tout cela était bien compliqué. Mais quelques heures plus tard, le vœu de Mirjana a été exaucé. En compagnie d'Aladin, 4 ans, un autre jeune handicapé de la guerre, Sanya a enfin pu quitter la ville pour l'Italie où les deux enfants recevront chacun une prothèse. Lorsqu'elle est montée dans l'autobus, Sanya serrait très fort la main de Brenna, sa poupée.

UNIS PAR LA SOUFFRANCE
Sanya, catholique, a 7 ans. Elle a perdu sa jambe le 7 janvier 1993. À côté d'elle, Aladin, 4 ans, blessé le 9 juillet 1994, est musulman. Ces deux enfants de Bihac, que leur douleur a réunis, ont fini par recevoir chacun une prothèse.

LA PEUR AU VENTRE

Derrière un Casque bleu, protégés par un véhicule blindé des transports de troupes français, des civils tentent de traverser une rue de Sarajevo assiégée, sous le feu des snipers serbes.

LES ENFANTS AUSSI TOMBENT SOUS LES BALLES
Sur le front de ce petit garçon blessé, le chiffre « 1 » indique qu'il faut intervenir en urgence. Il sera évacué en hélicoptère par les équipes de l'Agence des Nations unies pour les réfugiés (HCR).

ZEBA
NUSRET
51 92
ČUBARA
OMER
ABAZ
GALIB
FARUK

L'HORREUR DES CAMPS
Août 1992, en Bosnie. Au cœur d'une poche serbe, 4000 prisonniers croates meurent à petit feu dans le camp de Manjacia. Enfermés comme des bêtes dans les étables auparavant destinées aux bovins.

LÀ OÙ L'ON JOUAIT AU FOOTBALL, PLUS QUE DES MORTS
En mai 1993, une cérémonie funéraire dans le stade olympique de Sarajevo, devenu le cimetière des victimes musulmanes.

PARFUM D'ESPOIR
Cette fleur de lys, que tient le président François Mitterrand, a été offerte par une habitante de Sarajevo en juin 1992, alors qu'il y est en déplacement avec Bernard Kouchner, ministre de la Santé et de l'Action humanitaire.

EUROPE

TCHÉTCHÉNIE
LES EMMURÉS DE GROZNY

1994-1996 et 1999-2009

Au XIXe siècle, Hadji Mourat, le héros tchétchène créé par Tolstoï, combattait déjà la Russie impériale. La littérature s'est abondamment inspirée de ces « montagnards », de valeureux combattants âpres au mal. Il n'est donc pas étonnant que la petite république du Caucase, où l'islam sunnite est majoritaire, ait été la première à proclamer son indépendance en novembre 1991, un mois avant la dislocation de l'Union soviétique. Cet acte d'indépendance déclenche les foudres du Kremlin qui envahit le pays le 11 décembre 1994. Boris Eltsine, qui croyait mener une guerre éclair, se heurte à une résistance farouche. C'est l'enlisement et une déculottée pour les soldats russes, qui, après l'adoption d'un cessez-le-feu, se retirent du pays fin août 1996. Trois ans plus tard, une série d'attentats sans précédent frappe la Russie. Le pouvoir, miné par des affaires de corruption, désigne d'emblée les indépendantistes tchétchènes comme coupables. *« Nous irons les buter jusque dans les chiottes »*, déclare alors le nouveau Premier ministre Vladimir Poutine. La Russie tient là sa revanche : Grozny, assiégée, est noyée sous un tapis de bombes. En octobre 1999, les troupes russes entrent en Tchétchénie. Le grand reporter de *Match* Michel Peyrard et le photographe Laurent Van der Stockt sont alors les seuls journalistes à partager le quotidien des civils de la ville martyre. Tortures, exécutions sommaires, viols de masse, charniers, de nombreuses institutions internationales accusent la Russie de « crimes de guerre ». En 2007, Poutine place l'un de ses affidés, l'ultraconservateur Ramzan Kadyrov, aussi autoritaire et caractériel que mégalomane, à la tête du pays. Le 16 avril 2009, Poutine décrète l'arrêt de ce que la fédération de Russie, malgré 100 000 à 300 000 morts selon les estimations, a toujours qualifié d'« opérations antiterroristes ».

Entretenir la flamme

En décembre 1999, Vingt mille habitant se terrent toujours dans les caves de la capitale tchétchène, comme cette famille, qui s'éclaire à la bougie et se réchauffe comme elle peut. La plupart des édifices ont été détruits ou incendiés.

Leur peau a la couleur de la terre. Leurs cheveux tombent par plaques. Leurs ongles aussi.

Michel Peyrard

Paris Match, n° 2640, 30 décembre 1999

Un matin, un vieil homme est dissimulé dans les ruines d'un immeuble. Il a disposé à proximité quelques miettes de pain. Quand une nuée de pigeons se pose, il en tue un d'un seul coup de lance-pierre. En un instant, le volatile est plumé. Mansour s'éloigne d'un pas vif en cachant sa proie sous sa veste. Dans le quartier Oktiabrski, près de la station d'autobus, ils sont une cinquantaine à vivre dans un abri, une simple cave. Des femmes, des enfants surtout. «*Les hommes sont partis chasser les oiseaux. Vous savez, ici, les chiens dévorent les chats...*» Ils sont russes, tchétchènes, tatars, moldaves, toutes les nationalités que l'ex-URSS refusa, soixante-dix ans durant, de décliner autrement que sous le terme générique d'*Homo sovieticus*. Leur peau a la couleur de la terre. Leurs cheveux tombent par plaques. Leurs ongles aussi. La plupart habitaient dans un groupe d'immeubles bombardés par l'aviation russe. Quarante tués. Faute d'avoir la force de creuser la terre gelée, ils n'enterrent plus leurs morts.

Dans un bâtiment pulvérisé par une bombe de trois tonnes, le corps désarticulé d'un homme. Au premier étage, miraculeusement épargnée, la vieille Rosa refuse, à 82 ans, de quitter l'appartement dans lequel elle a passé l'essentiel de sa vie. Le fracas des explosions a fini par la rendre tout à fait sourde. Zaina Midova, que les occupants de l'abri ont élue comme leur représentante, renonce à lui faire entendre raison. On décide que les hommes lui porteront quelques bûches. Le bois est, lui aussi, devenu une denrée rare. Cette nuit encore, une femme qui refusait de rejoindre l'abri a succombé au froid. Tous les arbres de la rue ont été abattus et les civils hésitent à s'aventurer plus loin, à la merci d'un obus.

Retour à la cave. Les règles y sont strictes. On y met tout en commun: les quelques conserves, trop souvent avariées, qu'on parvient à récupérer en forçant d'autres caves, ou encore ce chou dérisoire qu'une femme a glané ce matin dans un potager. Les malades contagieux sont expulsés sans pitié. Ainsi, Uvais Omarov, dont la toux persistante fait suspecter une tuberculose. «*Uvais est malade, s'il reste dans l'abri, nous sommes tous condamnés.*» Le malheureux erre dans les décombres à la recherche d'un peu de nourriture qui aurait échappé aux autres. «*Je sais que je vais mourir,* murmure-t-il dans un souffle. *Mais avant cela, j'aimerais seulement qu'on me dise pourquoi.*» La question hante leur esprit chamboulé par trois mois de guerre. «*Nous sommes comme des cobayes sur un terrain d'exercice*», dit la vieille Macha. Des larmes roulent sur son visage creusé. Macha Vassilievna est russe. Son mari aussi, tombé lors de la Seconde Guerre mondiale et dont elle brandit le livret militaire, seul objet qu'elle soit parvenue à sauver de sa maison en ruine. «*Poutine sait qu'il bombarde aussi ceux-là mêmes qui ont sacrifié leur vie pour la nation russe? Il n'y a pas de combattants dans ce quartier. Nous sommes chrétiens. Pourquoi nous tue-t-il?*»

Des enfants surgissent dans la cave, dévalant les escaliers. L'un d'eux éclate en sanglots. «*Il a entendu le bruit d'un avion,* explique sa mère. *Plus besoin de lui expliquer.*» Allongée sur un matelas crasseux, Gala Birovna tend un mot griffonné. Elle est paralysée des deux jambes. «*C'est pour mon fils,* dit-elle calmement. *Il habite près de Moscou. Je sais que je ne le reverrai pas.*»

Sur l'ex-avenue Lénine, une femme entre deux âges s'avance en traînant un chariot. Elle contourne les cratères parfois profonds d'une dizaine de mètres, creusés par les bombes larguées par l'aviation russe. De temps à autre, elle s'arrête, rectifie son maquillage à grands coups de rouge à lèvres; elle a revêtu ses plus beaux habits. «*Je m'en vais,* dit-elle avec un sourire énigmatique, *Je me rends à Moscou. La télévision me manque trop.*» L'explosion d'un obus voisin ne l'interrompt pas. Elle reprend sa route entre les décombres. Comme beaucoup des habitants de la ville, son esprit s'est envolé vers un ailleurs plus clément.

La survie à tout prix

Laurent Van der Stock était également à Grozny durant la première guerre de Tchétchénie, comme ici, en janvier 1995 où il partage le quotidien des habitants de cette ville martyre, condamnés à recueillir de l'eau croupie.

Terrifiés
Chaque jour, en cet hiver 1995-1996, les Groznéens doivent parcourir des kilomètres et marcher des heures sous le feu russe pour trouver de quoi subsister.

L'empreinte
Entre novembre 1994 et août 1996, l'armée russe bombarde la ville sans relâche. Ce 18 janvier 1995, lorsque cette photo a été prise, cela fait presque un mois que les tirs d'artillerie succèdent aux raids aériens.

Éclaircie
Le 24 août 1996, un adolescent joue dans les débris qui sont tout ce qu'il reste des combats alors que les derniers soldats russes, munis de drapeaux blancs, viennent de se rendre aux combattants tchétchènes qui ont repris Grozny.

Le calme avant la tempête
Cette cinquantaine de combattants tchétchènes fait une halte dans un sous-bois à proximité de Grozny avant de passer les lignes russes pour rejoindre la ville assiégée et y reprendre le combat. Décembre 1999.

La cache
Alors que la Russie a repris la guerre depuis deux mois et qu'un tiers de la population a déjà quitté la Tchétchénie, d'autres sont restés pour se battre, comme cette femme et son époux. Venus défendre Grozny, ils se sont établis dans ce sous-sol. Nous sommes en décembre 1999, à la veille des élections législatives en Russie et Poutine compte bien, grâce à ce conflit, faire oublier l'affairisme et la corruption qui gangrènent son pays.

Cicatrices
Un combattant tchétchène dans une rue de Grozny aux murs criblés d'éclats, en décembre 1995.

L'UKRAINE MUTILÉE

De 2022 à aujourd'hui

Dans son allocution télévisée du 24 février 2022, Vladimir Poutine parle d'« opérations militaires spéciales ». Pourtant, c'est bien une guerre qu'il vient de déclarer. Aux portes de l'Europe.

Les troupes russes ont franchi la frontière et le Kremlin justifie son invasion par la nécessité de protéger les populations russophones des « républiques populaires » de Donetsk et de Louhansk, autoproclamées en 2014 peu après l'annexion de la Crimée. Ces territoires séparatistes seraient menacés par les « néonazis » ukrainiens...

Face à Poutine, l'Otan soutient l'Ukraine de Volodymyr Zelensky. Les fantômes de la guerre froide ressurgissent, le monde se polarise et, sur le terrain, le conflit s'enlise. Villes assiégées et bombardées, viols de masse, exécutions sommaires, guerre de tranchées, où l'on se bat comme il y a cent ans – mais aussi guerre des drones et des réseaux, où les technologies les plus évoluées sont au service des armes les plus sophistiquées.

Les journalistes de *Match* ont documenté ces combats, témoigné des exactions, suivi les civils comme les soldats partout dans le pays. Avec le photographe Frédéric Lafargue, le reporter Nicolas Delesalle a partagé le quotidien des « gueules cassées » – finalement peu nombreuses : « Ici, si l'on est blessé, il est rare de survivre. »

Des hommes démolis à l'intérieur comme à l'extérieur. Dont les membres amputés, atrophiés ne reflètent qu'une infime partie de cette folie qui les ronge et les meurtrit.

Une volonté de fer

Le 13 avril 2024, Yegor, 21 ans, pose dans une école en ruine, avec ses camarades de la 72e brigade, à Kourakhove, à une dizaine de kilomètres du front de Mariinka, à 5 km à peine au sud-ouest de Donetsk. Yegor a perdu une jambe dans l'explosion d'une mine. Il a stoppé lui-même les hémorragies grâce à trois tourniquets sur ses membres blessés. Aujourd'hui, sa prothèse, en carbone et titane, lui permet de courir.

Absolute Sleeve

« Un copain m'a dit : "Garde ton bras, on ne sait jamais." Vu son état, j'en n'avais plus besoin. Je l'ai jeté », raconte le capitaine Stass.

Nicolas Delesalle

Paris Match, n° 3912, 25 avril 2024

Ce voyage à la rencontre des gueules cassées nous mène jusqu'au Donbass. Là-bas, le parfum de la défaite se renifle déjà, dans les visages graves, durs, fermés, les cigarettes qui se consument au bout des doigts sales, les cernes marqués autour des yeux perdus. Tchassiv Iar est en train de tomber. Chaque jour, les forces russes gagnent quelques arpents de terre trempée de sang. Les rares jeunes recrues sont tétanisées par la trouille. Au loin, les colonnes de fumée montent vers le ciel, les déflagrations font trembler le sol. Impossible, au risque de se faire vaporiser, de s'approcher des premières lignes sans «brouilleur». Les drones russes bourdonnent partout.

Le capitaine Stass a l'impression que son bras gauche est plongé dans de l'eau bouillante, que ses doigts se consument. Douleurs fantômes. Son tee-shirt cache un moignon. Il a 32 ans, une gueule pâle d'ange triste. On le rencontre dans une forêt du Donbass dévastée par les éclats d'obus. Ce capitaine du régiment Azov ne peut plus combattre. Alors, il se déplace dans une bagnole déglinguée pour faire du renseignement. Il a perdu son bras dans la nuit du 14 au 15 avril 2022, à Marioupol, tandis qu'il traversait une rivière pour rejoindre l'usine Azovstal. L'artillerie russe a frappé les canots. Sifflement, boule de feu. *«Mon bras gauche pendait, les os étaient brisés, il ne tenait plus que par des bouts de muscles. J'ai coupé ceux qui restaient avec un couteau suisse. Un copain m'a dit: "Garde ton bras, on ne sait jamais." Je lui ai répondu que, vu son état, j'en n'avais plus besoin. Je l'ai jeté.»* Sous le choc, Stass ne ressent rien, il parvient même à franchir le cours d'eau. Six heures plus tard, il est opéré dans l'usine Azovstal.

Pendant un mois, il croupit avec un demi-verre de porridge par jour. Il souffre, il a faim: *«J'ai perdu 26 kilos... en comptant mon bras. Mais je savais qu'un jour j'allais revenir buter des Russes. C'était juste une question de patience.»* L'usine tombe le 17 mai. Prisonnier, Stass est transféré dans la prison d'Olenivka, gardée par des séparatistes: *«C'était horrible. Mais j'ai encore eu de la chance, je n'ai pas été torturé, comme beaucoup d'autres. Le plus dur, c'était l'attente. L'inconnu.»* Après quarante-cinq jours de détention, il bénéficie d'un échange de prisonniers. *«Je me suis bourré la gueule pour fêter ça, j'ai failli en crever»*, rigole-t-il. C'est à l'arrière, comme beaucoup de soldats sortis vivants de la mystérieuse désolation de la guerre, qu'il sombre dans la dépression. Heureusement, il rencontre celle qui deviendra son épouse l'été prochain. Mais surtout il prépare son retour au front. *«Pour continuer la lutte. Si mon exemple peut servir à d'autres, c'est important.»*

À Yegor, de la 72e brigade, il manque une jambe. Nous le rencontrons plus au sud, à la terrasse d'un café de Kourakhove, à une dizaine de kilomètres du front de Mariinka. Il sirote une limonade. Vingt et un ans, un visage d'enfant fatigué, des yeux très clairs, des traits fins, il porte une prothèse métallique à la place de la jambe gauche. Il est revenu du feu hier. Le 30 septembre 2022, dans les parages du village de Pavlivka, à une vingtaine de kilomètres plus au sud, Yegor, alors 19 ans, à la tête d'un groupe de six hommes, est monté à l'assaut d'une position prise l'avant-veille. Mission réussie. Dans la tranchée, Yegor ramasse les plaques d'identité sur les cadavres, puis repart vers sa ligne. C'est là qu'il marche sur une de ces sous-munitions qui fleurissent partout sur le front, déposées par les soldats, balancées à coups de canon, larguées par drone, faisant de chaque pas une acrobatie. *«Je suis tombé sur le dos. Avec le choc, je n'ai pas compris. J'ai appelé les gars au secours. J'ai hurlé. Ils étaient à 50 m et les Russes à 150.»*

Blessé aux deux jambes et à un bras, Yegor se place tout seul trois garrots tourniquets. *«Je voyais bien que, même si ça tenait encore, mon pied était trop loin de ma jambe.»* Amputation du pied à Dnipro. Puis infection et deuxième amputation au niveau du genou. Mais sa motivation, elle, est toujours debout. Le voilà de retour dans sa brigade le 4 mars 2024. Grâce au ressort à lame de sa prothèse en carbone, il court mieux qu'il ne marche. Mais seulement quand il fait beau. Sous la pluie, *«la boue se colle à ma prothèse, ça bloque tout.»* A-t-il peur? *«Tout le temps. [...] J'ai peur d'être blessé encore une fois, pas de mourir. Il y a pire que mourir.»*

Il reste l'un des bras armés de l'Ukraine

Le capitaine Stass, 32 ans, juge sa prothèse de bras inconfortable. Alors, il ne la porte que lors des défilés. Depuis sa blessure, il fait du renseignement.

Martyre

Iryna Kalinina, 32 ans, était sur le point d'accoucher lorsqu'une frappe russe a visé la maternité et le centre-pédiatrique de Marioupol, où elle se trouvait, le 9 mars 2022. Iryna et son bébé n'ont pas survécu. Avec cette photo, Evgeniy Maloletka a remporté le World press en 2023. Il est l'un des rares témoins du calvaire subi par cette cité portuaire du sud-est de l'Ukraine, assiégée et bombardée par les forces russes, où plus de 20 000 personnes ont été tuées. Après une résistance acharnée, Marioupol, détruite à 90 %, est tombée en mai 2022.

Les nuits de Kiev

Nous sommes le 22 octobre 2022… La guerre dure depuis bientôt un an, mais le samedi soir, dans la capitale ukrainienne, les jeunes font la fête, comme ici, dans la boîte de nuit Le Fifty. *Couvre-feu oblige, l'établissement ouvre à 17 heures et ferme à 22 heures.*

La patriote

Svetlana, 23 ans, ici en décembre 2022 dans les tranchées creusées le long du littoral de la mer Noire, est originaire d'Odessa et a choisi de s'engager chez les gardes-frontières.

ALGÉRIE
LA GUERRE SANS NOM

1954-1962

Après l'Indochine, la France pensait en avoir fini avec la guerre. Mais voilà qu'au pied des montagnes de l'Atlas, tonne à nouveau la mitraille : le Front de libération nationale (FLN) réclame l'indépendance de l'Algérie. Française depuis 1830, soit trente ans avant Nice et la Savoie, l'Algérie n'est pas une colonie comme les autres, mais un département français. Pourtant, si « Français » et « indigènes » y ont les mêmes devoirs, ils n'ont pas les mêmes droits.

Le 1er novembre 1954, le FLN lance plusieurs attaques coordonnées sur tout le territoire. C'est la Toussaint rouge. Le ministre de l'Intérieur, François Mitterrand, parle d'attentats perpétrés par « des individus isolés » : de chaque côté de la Méditerranée, c'est ce que chacun se plaît à croire. La France cultive le déni concernant ce conflit qu'elle persiste à qualifier – comme le décrit le journaliste de *Match* Michel Clerc, qui s'en offusque – d'« événements » ou d'« opérations de police ». Cette guerre qu'on refuse de nommer fera 500 000 morts. Attentats, putsch militaire, tortures, massacres, elle mène la France au bord de la guerre civile, provoque la chute de la IVe République, le retour au pouvoir du général de Gaulle, et oblige le million de Français d'Algérie, qu'on appelle « les pieds-noirs », à quitter leur terre pour un voyage sans retour.

Le 18 mars 1962, en consacrant l'indépendance de l'Algérie, les accords d'Évian mettent fin à l'un des épisodes les plus tragiques de notre histoire.
Les récentes tensions entre Paris et Alger montrent à quel point l'onde de choc de cette guerre n'en finit plus de faire des remous.

Irréconciliables
Le 30 novembre 1962, après les accords d'Evian, le fossé se creuse entre les Algériens et les pieds-noirs qui sont restés, parmi lesquels beaucoup de personnes âgées comme ces deux anciens combattants, habitants du quartier de Bab-el-Oued, situé au nord de la rade d'Alger.

La débâcle d'Indochine a touché la France à ses extrémités nerveuses, ce qui se passe en Algérie, à quatre heures de Paris, la frappe au cœur.

Michel Clerc, avec Jean Mézerette, en Kabylie et dans les Aurès

Paris Match, n° 353, 14 janvier 1956

La nuit de la Toussaint 1954, qui fut jugée dramatique et bouleversa la France, avait fait sept morts dans toute l'Algérie : au début de 1956, une journée qui ne coûte aux Français que sept victimes est une journée dont on ne parle pas. Quelles que soient les pudeurs officielles ou le légitime désir qu'on peut avoir de ne rien dramatiser, l'Algérie est en état de guerre. À faire une brève escale sous les lumières d'Alger, entre le boulevard Baudin et la rue d'Isly, on peut encore s'y tromper ; se laisser prendre à ce fragile décor d'un bonheur français qui a duré cent vingt-cinq ans. Mais il y faut beaucoup d'aveuglement.

Dans la nuit du 1er au 2 janvier, à 35 km d'Alger, treize tirailleurs avaient été enlevés par les rebelles. On avait retrouvé six corps seulement, lardés de coups de couteau, la gorge ouverte. Nous combattons des ombres. 220 000 hommes, 24 généraux, la moitié des effectifs de l'armée française – plus nombreux qu'au plus fort de la guerre d'Indochine –, ont en face d'eux 7000, 8000, peut-être 10 000 fellaghas. Combat inégal mais où la force n'est pas du côté du nombre. Ces soldats aux pieds nus ont, au départ, l'avantage. Ils sont en guerre alors qu'officiellement nous ne faisons que conduire, en Algérie, ce qu'on nomme avec pudeur « une opération de police ».

L'Algérie, constitutionnellement, n'est qu'un département français. Si une jacquerie se déclarait à Gap, nous ne ferions pas la guerre aux Basses-Alpes : nous ne rétablirions pas « la paix » mais seulement « l'ordre ». C'est pourquoi les 220 000 hommes actuellement déployés entre l'Aurès et le Constantinois ne sont là, théoriquement, que pour accomplir la même tâche qu'un peloton de gardes mobiles dans un département français soulevé par une mauvaise grève. C'est pourquoi il n'y a pas officiellement de guerre en Algérie.

Pourtant, cette paisible fiction est tragiquement dépassée. Miradors, barbelés, champs de mines, écoles transformées en fortins et fermes bardées de sacs de sable, sentinelles en armes, jeeps, casques, couvre-feu… La meilleure assurance pour se déplacer dans le bled est encore d'avoir acquitté l'impôt exigé par les rebelles. Ainsi, certains fermiers de l'Aurès ont pu jusqu'ici obtenir que leurs récoltes et leurs maisons soient épargnées. Ceux qui refusent les paiements sont exécutés. La débâcle d'Indochine a touché la France à ses extrémités nerveuses mais ce qui se passe en Algérie, à quatre heures de Paris, la frappe au cœur.

À la veille de la nouvelle année, une opération, menée par le colonel Grall, un ancien d'Indochine, venait de commencer, dans les Aurès, où vivent 200 000 Berbères. Malmenés par des bourrasques de 100 km/h, les hommes de Grall avaient marché soixante-douze heures avec deux jours de vivres quand les premiers coups de feu éclatèrent. C'était la preuve que les renseignements fournis étaient bons. La bataille dura trois jours et trois nuits dans une mêlée faite de corps à corps et d'empoignades. En déplaçant une pierre, on découvrit une profonde enfilade. Galerie après galerie, les soldats arrivèrent dans une gigantesque caverne, où se trouvaient entassés des stocks monumentaux de vivres, de vêtements et d'armes… De quoi soutenir un siège de plusieurs mois. Dans l'une des alcôves creusées à même le roc, probablement le repaire du chef, des lampes électriques, des tapis, une machine à écrire, des archives… Transporter autant de marchandises, à dos de mulet, depuis des mois, n'a pas pu se faire sans le soutien de la population.

Partout, l'insurrection a coïncidé avec des régions sous-administrées. Avant la guerre, il y avait 400 administrateurs dans les trois départements d'Algérie. Il n'en reste que 260. Le général Parlange, 65 ans, pacifique, a officié au Maroc d'où il apporte sinon une solution, au moins une méthode : la pacification. Planter le drapeau, faire tache d'huile, nouer des amitiés, jouer la confiance. Il dit : « *Donnez-moi 500 anciens d'Indochine parlant l'arabe et rompus aux Berbères, et je vous règle la question.* » Aujourd'hui, les anciens d'Indochine sont environ 90 dans cette zone. Mais, jetés dans la nature, ignorant souvent l'arabe, couchant par des températures de −10 °C sous des gourbis improvisés, n'ayant que des mulets ou des jeeps bringuebalantes pour se déplacer et pour communiquer, que des postes émetteurs déficients, leur rayon d'action demeure restreint.

Les élus musulmans démissionnent, l'Assemblée algérienne est paralysée, les interlocuteurs valables se cachent : ce ne sont pas pour l'instant les habiletés politiques ni même les promesses économiques qui peuvent rétablir la situation. Le sort de 950 000 Français est en jeu. Une guerre est commencée.

Une jeunesse sacrifiée

Aux 400 000 militaires d'active s'ajoutent de jeunes appelés, des conscrits arrachés à la vie civile pour vingt-huit longs mois. Ils seront 1,3 million à rejoindre ce qu'ils nomment encore alors « l'autre France ».

La colère
Le 25 août 1955, à Philipeville, lors des obsèques des victimes du massacre d'El-Halia, perpétré cinq jour plus tôt et lors duquel plus de 130 Européens et musulmans loyalistes ont été tués par des fellaghas, un Français, Joseph de Angelys, détruit les gerbes offertes par les autorités françaises.

Les harkis

En 1959, dans le Djebel, sur les montagnes de l'Atlas, un parachutiste algérien de l'armée française pose avec les enfants d'un village. Fidèles au processus de « pacification » lancé en 1956, les militaires tentent de donner aux civils une image positive.

« Concitoyens, compatriotes, frères »
Le 6 juin 1958, devant la foule réunie à Mostaganem, le général de Gaulle promet à ses « concitoyens, compatriotes et frères » *de tout faire pour que l'avenir de l'Algérie soit,* « pour tous les enfants de France qui y vivent, prospère, heureux, pacifique et fraternel ».

Les barricades
Le 1er février 1960, rue Charles-Peguy à Alger, Pierre Lagaillarde se livre aux parachutistes du 1er régiment étranger de parachutistes (REP). Ancien para lui-même, député d'Alger et opposé à la proposition d'autodétermination du général de Gaulle, il est l'instigateur de l'insurrection déclenchée après le rappel du général Massu en métropole et appelée « semaine des barricades ». Jugé puis mis en liberté provisoire, Lagaillarde fuira en Espagne, où il fondera l'Organisation armée secrète (OAS).

Le putsch des généraux
Le 21 avril 1961, Edmond Jouhaud, Raoul Salan, Maurice Challe et André Zeller, quatre généraux partisans de l'Algérie française, prennent le contrôle d'Alger et procèdent à l'arrestation des principales autorités du pays. Leur tentative de coup d'État échouera.

Le saut dans l'inconnu
Cette photo du mois de mai 1956 témoigne d'une des premières actions commandos dans la région de Tébessa, située dans l'est du pays à la frontière tunisienne. À cause du vent, l'hélicoptère ne peut pas se poser et les parachutistes français, lourdement chargés, débarquent.

Prisonnier de guerre
Les parachutistes français sont fiers de montrer au photographe leur dernière « prise de guerre », Mohammed Larbi Ben M'hidi, l'un des fondateurs du FLN, figure historique du nationalisme algérien, arrêté le 23 février 1957 et assassiné par des militaires français durant la bataille d'Alger. Le 1er novembre 2024, le président de la République, Emmanuel Macron, a reconnu la responsabilité de la France dans sa mort.

Une suspicion permanente

Le 7 janvier 1957, pour contrer les attaques terroristes, le général Massu se voit confier les pleins pouvoirs de police sur Alger. Ses hommes, comme ce soldat qui passe une femme au détecteur de métaux, ratissent la Casbah. C'est le début de la bataille d'Alger.

La répression
Pour protester contre les accords d'Evian, à l'appel de l'OAS, les Français d'Algérie organisent une manifestation le 26 mars 1962 à Bab-el-Oued. La foule se heurte à un barrage de l'armée française et une fusillade éclate rue d'Isly. Elle fera officiellement une cinquantaine de morts et plus de 150 blessés.

L'exil

Pour le million de « pieds-noirs » comme on appellera ces Français rapatriés d'Algérie, c'est un déchirement. Beaucoup, comme ce vieil homme qui doit embarquer pour la France, le 23 mai 1962, ne connaissent rien d'autre que ce pays où ils sont nés qu'il leur faut abandonner précipitamment et où la plupart ne reviendront jamais.

TCHAD
LES ANNÉES NOIRES
1965-1979

Depuis son indépendance, le Tchad n'a connu que la guerre ou presque. Elle démarre en 1965, sous le règne du président François Tombalbaye qui instaure un système de parti unique, corrompu et dont les membres sont, comme lui, originaires du sud du pays, majoritairement chrétiens. L'oppression exercée sur les populations du Nord, musulmanes, et du Centre, déclenche les premiers affrontements entre les forces du régime, appuyées par l'ancienne puissance coloniale française, et ses opposants rassemblés dans le Frolinat (Front de libération nationale du Tchad), un mouvement politico-militaire alors soutenu par la Libye de Kadhafi. Le 13 avril 1975, le général Félix Malloum prend le pouvoir mais il entre vite en conflit avec son Premier ministre Hissène Habré, qui, avec Goukouni Oueddei, était à la tête des FAN (forces armées du Nord).

Sur le terrain, ces rapports de force dégénèrent en guerre civile. En 1979, Goukouni s'impose à la tête de l'État. Il sera renversé par son ancien compagnon d'armes Hissène Habré, plus tard condamné pour crimes contre l'humanité. Sa dictature durera huit ans. Son successeur, Idriss Déby, assassiné en 2021 après plus de vingt ans de règne et remplacé par son fils, ne fera pas revenir la paix. À chaque alternance, un nouveau clan confisque le pouvoir au profit des siens, attisant ainsi les braises d'un conflit qui semblent ne jamais devoir s'éteindre.

Dans la France des années 1970, la guerre civile tchadienne prend le visage de Françoise Claustre, archéologue française enlevée le 21 avril 1974 par les rebelles toubous d'Hissène Habré et de Goukouni Oueddei. En tâchant de la faire libérer, son mari, Pierre, sera kidnappé aussi. Marie-Laure de Decker et Raymond Depardon l'ont rencontrée à deux reprises, la dernière fois lors de sa troisième année de captivité, peu avant sa libération le 31 janvier 1977.

L'ombre de la France
En décembre 1983, les soldats français du 21e régiment d'infanterie de marine, en mission sur le territoire tchadien durant l'opération Manta *réclamée par le président Hissène Habré pour contrer l'intervention de l'armée libyenne dans le pays.*

« J'ai appris que j'allais être exécutée le 1er septembre au soir. »

Françoise Claustre

Paris Match, n° 1414, 3 juillet 1976

Pour la revoir, Marie-Laure de Decker et Raymond Depardon, accompagnés de Lionel Cousin, ont marché dix jours derrière leurs chameaux sur les pentes caillouteuses du Tibesti. Ils ont dormi dix nuits sur un sol plus froid que la glace, sans abri contre le vent fou du désert. Aujourd'hui, à l'aube du 20 mai, ils l'aperçoivent enfin, alors qu'ils s'arrêtent pour souffler en haut de la dernière crête. Entourée d'une centaine de guerriers toubous, Françoise Claustre, l'otage du Tibesti, est assise à l'ombre d'un rocher. Son visage est craquelé, ses lèvres desséchées, mais elle se tient droite, ses vêtements sont propres. Tout en elle indique qu'elle se bat contre le désespoir, l'épuisement, la folie. Françoise va parler d'une voix entrecoupée mais ferme, les yeux brillants, avec des silences tendus. Elle n'a qu'une heure et elle se sait écoutée par ceux qui ont tout pouvoir sur elle.

« *Je peux vous dire qu'à court terme, je n'ai pas l'espoir d'être libérée, ni que mon mari le soit. [...] Même si je n'ai pas envie [...], je me lave, je prépare ma nourriture, je plaisante. Il faut maintenir un certain équilibre, sinon c'est la folie. Jusqu'à présent, j'ai réussi, mais intérieurement, vous ne pouvez pas vous rendre compte [...] D'abord, j'ai appris que j'allais être exécutée le 1er septembre au soir. Je sais maintenant ce que c'est que d'avoir les jambes molles. J'ai été foudroyée lorsque j'ai appris cela. [...] J'ai vraiment vu la mort en face. [...] On me rassurait mais je restais dans l'incertitude, je ne savais pas si on me mentait ou non. [...] Le 1er septembre, le réveil a été affreux. [...] La veille, j'ai entendu à la radio qu'il faudrait un miracle pour me sauver. Alors, vraiment, je me suis tournée vers Dieu. J'ai brûlé mes photos, mes papiers. [...] Finalement, le lendemain matin, j'ai su, encore par la radio, que j'avais été sauvée. [...] Si on pouvait comprendre la pression, la tension nerveuse liées à ma situation [...] C'est dans ces circonstances qu'on se rend compte que ce qui compte le plus dans la vie, ce sont les liens que l'on a avec les gens qu'on aime. [...] Quelquefois, j'ai la chance de me trouver dans une palmeraie, dans une case. Ça c'est le grand luxe. Quelquefois, c'est sous un arbre. Quelquefois encore, sur quelques cailloux. De temps en temps, c'est un auvent, sous un rocher. Mais cela, [...] je peux le supporter. [...] La première chose qui compte, je vous le répète, c'est de retrouver mon mari. Le reste... Je tâcherai d'accepter ce que je peux accepter. J'ai la consolation de la population qui reste bienveillante. Pour le reste, il faut que je fasse encore semblant de croire qu'on s'en sortira. Pour ma famille [...].* »

« *Allez, c'est terminé, c'est fini...* », ont dit les gardes. Comme dans les parloirs de toutes les prisons, même si elles n'ont pas de murs et pas de barreaux. Les trois journalistes ont dû partir. Ils ont marché le plus longtemps possible à reculons, pour ne rien perdre d'elle. Françoise est devenue de plus en plus petite tout au fond du grand cirque de montagnes. Puis, elle s'est effacée dans le désert.

La prisonnière du désert

Le 21 avril 1974, Françoise Claustre, archéologue de 35 ans, est enlevée dans la palmeraie de Bardaï, à l'extrême nord du pays, par les rebelles toubous, membres du Frolinat (front de libération du Tchad) dirigé par Goukouni Oueddei et Hissène Habré. Elle restera détenue dans le désert du Tibesti durant dix-sept mois.

Le « guérillero Sciences-Po »

Voici le surnom qui a été donné à Hissène Habré, ancien étudiant en droit et sciences politiques, jeune révolutionnaire et futur dirigeant du pays. Il sera condamné en 2016 pour crimes contre l'humanité, crimes de guerre et actes de torture. Il meurt en prison en 2021.

SAHEL

LIBYE
DU PRINTEMPS ARABE À L'ANARCHIE

De 2011 à aujourd'hui

C'est d'abord à Benghazi, dans l'est du pays, qu'ont germé les graines de la colère. Le 15 février 2011, dans le sillage des printemps arabes, les Libyens descendent, eux aussi, dans la rue. En une semaine, l'insurrection gagne les principales villes du pays. Mais pour Kadhafi, il n'y a qu'une révolution : la sienne. Celle qui l'a conduit à la tête du pays en 1969. Depuis, le tyran, qui tient à la fois de Caligula et d'Ubu roi et se rêve en leader du monde arabe, a muselé toute opposition. Aux jeunes révoltés il répond par la force, bombarde à l'aveugle et envoie à l'assaut ses milliers de mercenaires originaires du Ghana, du Soudan ou de Sierra Leone. Dans la ville portuaire de Misrata, symbole de la résistance, les reporters paient le prix fort pour témoigner du martyre des habitants assiégés. Alvaro Canovas, qui sera blessé à Tripoli, raconte comment ses confrères Chris Hondros et Tim Hetherington y ont laissé leur vie.

Cette répression déclenche l'intervention d'une coalition internationale menée par l'Otan. En octobre 2011, Mouammar Kadhafi est capturé et tué. Dans la capitale, Alfred de Montesquiou, lauréat du prix Albert-Londres pour cette série de reportages, et Alvaro Canovas nous emmènent dans les antres du despote, au cœur du pouvoir. Mais sa mort ne ramène pas la paix. Milices, groupes islamiques, le pays se divise et deux gouvernements se forment : l'un, à Tripoli, soutenu par l'ONU, l'autre, à Tobrouk, dans l'est du pays, dirigé par le maréchal Khalifa Haftar. L'ingérence des puissances étrangères, comme la Turquie, l'Égypte, la Russie ou la France, intensifie encore le conflit. Sécurité, lutte contre le terrorisme, flux migratoires… la Libye est cruciale pour l'Europe. Malgré un cessez-le-feu conclu en 2020, les affrontements, eux, continuent. Et pour les civils, la perspective de vivre un jour dans un État de droit ne cesse de s'éloigner.

Vaincre ou mourir
À Misrata, le dimanche 17 avril 2011, près de l'avenue de Tripoli, qui constitue la ligne de front, les insurgés attaquent l'école de l'armée de l'air tenue par les kadhafistes. Cela fait alors sept semaines que la ville est assiégée par les loyalistes.

À 15 m sous terre, un scanner, un appareil de dialyse, des bombonnes d'oxygène… l'hôpital secret de Kadhafi.

Alfred de Montesquiou

Paris Match, n° 3250, 1er septembre 2011

Les vitres blindées ont résisté aux balles. L'immense salon circulaire de la villa de Saadi, le fils de Kadhafi, est intact. Ahmed Khatem, le domestique qui dressait ses dobermans et ses pitbulls, affirme: «*Avec nous, Saadi était plutôt gentil, quand il organisait une fête, il nous distribuait les restes.*» Ali Riani, un jeune rebelle, nous entraîne vers les niches équipées de l'air conditionné. «*Regardez!* s'écrie-t-il. *Et nous, on étouffe à dix par appartement!*»

Dans la demeure pharaonique d'Aïcha, sœur de Saadi, tout est ahurissant. La piscine et le spa du sous-sol, gigantesques, les trois étages de marbre, de dorures, les dressings pleins, les placards débordants… Comme l'eau manque à Tripoli, des familles barbotent dans la piscine. Des rebelles vident les tiroirs. Sur le sol de la chambre et de la salle de bains, une cinquantaine de paires de stilettos, des centaines de robes Gucci, Prada, Versace… Et ce livre de déco, préfacé et dédicacé par Caroline Sarkozy, la sœur du président. Aïcha, qui se donnait des airs de sainte de l'humanitaire, incarne désormais la duplicité d'un régime qui déployait le drapeau du socialisme pour dissimuler la cupidité d'un clan.

Dans le quartier bourgeois de Ben Achour, les portes de la «villa secrète» de Kadhafi ont été soudées. Les habitants nous aident à passer par-dessus la grille. Ce rempart en cache un deuxième, d'une dizaine de mètres de hauteur. Derrière, la villa, clinquante, de Moatassem, un des fils les plus cruels du «leader», chef de la Sûreté nationale qui a mené la répression contre les villes de Benghazi et de Misrata. Derrière des buissons, près de l'étang artificiel, un escalier mène, à 15 m sous terre, à un bunker. Du matériel high-tech, une salle d'opération ultramoderne, un scanner, un appareil de dialyse, des bombonnes d'oxygène et une cuisine impeccable. Kadhafi réservait cet hôpital à son usage personnel. Najim Rais, qui nous l'a fait découvrir, est fonctionnaire et chef de quartier depuis l'insurrection. Blessé à 17 ans, après avoir été enrôlé de force dans l'armée pour se battre au Tchad, dans les années 1980, il a été soigné n'importe comment et peut à peine bouger sa main. Selon les porte-parole de la rébellion, 50 000 opposants faits prisonniers ces dernières semaines manquent à l'appel. «*Je suis sûr qu'ils sont dans des prisons secrètes dont les gardiens ont fui,* s'insurge Najim. *En train de crever de faim sous nos pieds.*»

Kadhafi n'a pas plus de considération pour ses alliés. Les hommes qui le défendent depuis des mois, soldats fidèles au régime ou mercenaires enrôlés pour quelques poignées de dollars, n'ont pas eu de porte de sortie. Des dizaines de corps ont été éparpillés, laissés pour morts, derrière la Bab al-Azizia, le centre de commandement du tyran, une ville dans la ville, entourée de trois murailles successives hérissées de miradors.

Pendant ce temps, à l'hôpital public d'Abou Salim, des hommes agonisent et cent cadavres pourrissent. Une vingtaine sont empilés sur la pelouse. La plupart sont des mercenaires noirs. Les blessés abandonnés gisent dans l'entrée. Livrés à eux-mêmes. Dix-sept des leurs ont survécu sans eau ni nourriture. Leurs compagnons morts jonchent le sol. Nous pataugeons dans un cloaque immonde. Les volontaires qui tentent d'évacuer les corps vomissent, malgré leurs masques. Des milliers de mouches voltigent, des larves grouillent sur ces visages figés dans une douleur et une terreur abominables.

« J'ai pris assez de risques pour la journée », avait estimé Chris.

Alvaro Canovas
Paris Match, n° 3232, 28 avril 2011

La veille, déjà, la mort avait fauché Khalifa, 23 ans, un des chauffeurs qui nous conduisaient le jour et défendaient leur ville la nuit. Ce mercredi, à midi, nos confrères anglophones revenaient de couvrir les combats autour de l'Académie de l'air, bastion kadhafiste. Tim voulait y retourner. Chris, lui, estimait avoir *« pris assez de risques pour la journée »*. Finalement, il s'est joint à nous. À l'arrière du pick-up, il me parle de son futur mariage, évoque sa fiancée, avocate, « une idéaliste ». Nous arrivons sur un immense rond-point desservi par quatre avenues bordées d'immeubles aux portes fermées, rideaux de fer baissés. Pas la moindre cachette. Nous sommes dix reporters. Le commandant ordonne de tirer des roquettes. Riposte immédiate. Nous nous plaquons contre un mur, protégés des balles, mais pas d'un éventuel obus. Cherchant un meilleur abri, les anglophones traversent le rond-point. Après une accalmie, les tirs reprennent et une puissante détonation retentit. De l'autre côté du carrefour, des silhouettes titubent dans un panache de fumée. Des combattants courent vers moi en criant : *« Sour ! »*, *« Photographe ! »*

À l'hôpital, je me précipite vers la tente des premiers soins. Quinze lits, la cohue... À droite, un petit groupe silencieux. Je découvre mes camarades, Tim et Chris, inanimés. Ils ont reçu des éclats dans le crâne. Tim est affreusement pâle, les yeux grands ouverts, fixes... J'ai compris. Avec Alfred de Montesquiou, nous tenons la main de Chris, emmené en réanimation. Le lendemain matin, nous apprenons son décès.

Chris et Tim
C'est sans doute la dernière photo d'eux ensemble, prise le mardi 19 avril 2011, la veille de leur mort. L'Américain Chris Hondros, au premier plan, et le Britannique, Tim Hetherington, à l'arrière-plan, avaient tous les deux 41 ans.

« Ce n'est pas la fémorale, tu vas t'en sortir »
Voici comment notre confrère de France 24, Matnieu Mabin, a rassuré le photographe de Match, Alvaro Canovas, blessé à la cuisse, le 23 août 2011, à Tripoli. Il est soutenu par Alfred de Montesquiou et Moezza, étudiant en médecine devenu infirmier pour les rebelles.

Témérité

En sandales et sans aucune protection, ils se lancent à l'assaut du QG de Bab al-Azizia, le complexe fortifié de Kadhafi situé au cœur de Tripoli. Cette photo est la dernière qu'a prise Alvaro Canovas avant d'être blessé.

Quand la peur change de camp
Jeudi 25 août 2011, à Abou Salim, dans les faubourgs de Tripoli, un pro-Kadhafi est pris à partie par des militants révolutionnaires. De nombreux mercenaires originaires d'Afrique noire ont été arrêtés ainsi qu'une vingtaine de Croates.

CONGO
LE KATANGA À TERRE
1960-1963

La jeune République congolaise est indépendante depuis quelques jours à peine, quand, le 11 juillet 1960, la province du Katanga fait sécession. Un mois plus tard, elle est imitée par le Sud-Kasaï. Riche en ressources minières, le Katanga est dirigé par Moïse Tshombé. Pour gagner le soutien des élites économiques locales, le chef rebelle n'hésite pas à défendre les intérêts étrangers, notamment ceux de l'ancienne puissance coloniale, la Belgique. À travers lui, les entreprises occidentales gardent la main sur les revenus générés par l'exploitation du cuivre et de l'uranium. Anticommuniste fervent, Tshombé est considéré comme un traître par le Premier ministre Patrice Lumumba, le père de l'indépendance. Panafricaniste et nationaliste, ce dernier souhaite affranchir son pays de toute influence coloniale. Pour préserver l'unité de l'État, il réclame l'aide de l'ONU, qui lui envoie des soldats de maintien de la paix. Mais l'arrivée, à leurs côtés, de conseillers soviétiques avive encore les tensions et précipite sa chute. Révoqué le 5 septembre 1960 par le président, Joseph Kasa-Vubu, il est placé en résidence surveillée. Dix jours plus tard a lieu le premier coup d'État militaire de Joseph-Désiré Mobutu. Après avoir essayé de fuir, Lumumba est arrêté par les hommes du futur despote en décembre 1960. Transféré au Katanga, où les autorités affirmeront qu'il a été tué par des villageois après une tentative d'évasion, il y est torturé, puis assassiné, le 17 janvier 1961, en présence de policiers belges et avec l'accord tacite des États-Unis. Sa mort n'empêchera pas la guerre de se poursuivre jusqu'en 1963, date à laquelle la rébellion est écrasée. Le grand reporter Michel Clerc a enquêté sur la mort de Lumumba, devenu un symbole de la lutte contre l'impérialisme et dont le corps n'a jamais été retrouvé.

Le prix du sang
Avant la grande bataille du Katanga a lieu celle du Kasaï, région elle aussi sécessionniste. Le dimanche 4 septembre 1960, une centaine d'hommes casqués, des Luluwas, favorables à Lumumba, tentent de désarmer plusieurs centaines de guerriers balubas du village de Lukulengé, au Sud-Kasaï. Après deux heures de palabres, la situation dégénère devant le photographe de Paris Match *André Lefebvre, qui prendra une balle dans la cheville. Plus de cent Balubas sont tués, les survivants achevés.*

Comment Lumumba avait-il pu quitter sa prison ? *« En perçant un trou dans le mur avec une tringle à rideaux »*, prétend la version officielle.

Michel Clerc

Paris Match, n° 620, 25 février 1961

Il était depuis juillet l'idole infaillible, le petit dieu noir à lunettes d'employé, dont la parole suffisait à réveiller les vieilles colères de l'Afrique. Aussi fort en prison qu'en liberté, arrêté, roué de coups, deux fois évadé, Lumumba avait créé le mythe de son invulnérabilité.

Mort. Enterré sans sépulture et chassé sans trace dans la brousse katangaise, liquidé, comment y croire ? Quand le Boeing m'a débarqué l'autre matin au sud du Congo, dans la petite capitale d'Élisabethville (aujourd'hui Lubumbashi, NDLR), la saison des pluies répandait une fraîcheur helvétique. *« Ah, vous venez pour retrouver Lumumba ! Bonne chance ! »* Sa mort n'était pas officielle. Pas encore. Le gouvernement d'Élisabethville avait raconté au monde un rocambolesque scénario auquel, il faut bien le dire, personne ne croyait vraiment.

À 40 km de la ferme isolée où Lumumba était emprisonné avec ses deux ex-ministres, Mpolo et Okito, on avait retrouvé une voiture. C'était une Ford noire. Les fugitifs l'auraient volée à leurs geôliers. Comment avaient-ils pu quitter leur prison ? *« En perçant un trou dans le mur avec une tringle à rideaux. »* Comment s'étaient-ils débarrassés de leur sentinelle ? *« En les assommant d'un coup de poing et en les ficelant avec des draps de lit. »* Quant au poste de garde, seize gendarmes katangais commandés par un officier belge, ils dormaient paisiblement à deux pas de là. Que voulait-on de plus ? Le terrible Munongo, ministre de l'Intérieur katangais, laissait entendre que, perdus dans une brousse infestée de crocodiles, les fugitifs n'iraient pas loin.

Il fallut tout de même attendre soixante-douze heures, jusqu'au lundi, pour que, dès l'aube, Munongo se rende sur les lieux et constate officiellement la mort de Lumumba comme de ses compagnons d'infortune. L'après-midi, il exhibait aux journalistes trois certificats de décès. Cela était l'affaire du Katanga. Il ne fallait pas que les lumumbistes puissent exercer des représailles. Il ne fallait pas que des rebelles fanatisés puissent faire d'un coin broussailleux du Katanga un lieu de pèlerinage, un mausolée de guerre sainte. Des curieux, justement, il en arrivait de partout. Des reporters, bien sûr, mais aussi trois personnages expédiés d'urgence par le QG des Nations unies à Léopoldville. Les trois messieurs de l'ONU aimeraient aller sur place faire leur enquête. Seulement voilà : Tshombé, chef de l'État indépendant du Katanga, ne veut pas entendre parler de l'ONU.

L'enquête sur la dernière aventure de Lumumba, les Katangais l'avaient faite eux-mêmes. Deux jours après l'évasion, une petite commission de cinq hommes se rendit à la ferme où il fut enfermé. Parmi eux, le photographe allemand Peter Steiner de l'agence américaine United Press. À coups de whisky, je lui extirpe un récit fragmentaire. On leur montrera une grande chambre vide, avec un seul lit et trois oreillers, « absolument immaculés », qui semblaient n'avoir accueilli aucune tête. Non loin de la ferme, il y avait une rivière avec un pont de bois vermoulu que devait garder un soldat. Le soir de l'évasion, le soldat n'était pas là. Le moins qu'on puisse dire est que l'ensemble de ces indices porte au doute.

Il y a un homme qui ne s'inquiète pas : Moïse Tshombé. Il habite au bout de l'avenue Élisabeth, une grande maison bruissant d'oiseaux. Il peut apercevoir, derrière un rideau d'eucalyptus, la plus haute cheminée d'usine de toute l'Afrique. Celle qui crache vers le ciel les fumées rougeâtres du complexe industriel de l'Union minière. Cette cheminée, unique au Congo, symbolise la grande force de Tshombé. Gérée par les Belges, l'Union minière a produit, en 1960, 300 000 tonnes de cuivre, un record, et n'a pas connu, en dépit de l'explosion congolaise, un seul jour de grève. Elle a versé au Trésor katangais l'équivalent de 300 millions d'anciens francs par jour.

Dans les bureaux de l'administration du Katanga, le portrait de Baudouin est toujours là, à côté de celui de Tshombé, qui arbore fièrement le grand cordon de l'ordre de la Couronne. À Élisabethville, on écoute bourgeoisement, à la terrasse des cafés, les communiqués de victoire des forces katangaises, qui reprennent du terrain. Des permissionnaires, en tenue de camouflage, reviennent de la brousse poignard à la ceinture. Blancs ou noirs, ils appartiennent à la même jeune armée katangaise et toisent du même œil chargé de mépris les soldats à foulard et béret bleu qu'ils ont baptisés les « onuphiles ». Ceux-là, désœuvrés, Suédois en majorité, ne comprennent pas pourquoi Élisabethville leur fait la tête. On leur reproche de se croiser les bras. Alors, le Katanga bat le grand rappel des professionnels de la guerre, aventuriers, condottieres, éternels mercenaires qui voient déjà ici le tremplin de la reconquête africaine.

Le « léopard de Kinshasa »
Voici l'un des surnoms de Joseph-Désiré Mobutu, au pouvoir depuis son coup d'État du 14 septembre 1960, et qui vient de mettre en place un gouvernement temporaire, le Collège des commissaires généraux.

Lumumba, la voix de l'indépendance
A 35 ans, Patrice Lumumba devient le premier chef du gouvernement congolais indépendant. En poste jusqu'au coup d'État de Mobutu qui a lieu au mois de septembre, il sera arrêté le 06 décembre 1960 et assassiné le 17 janvier 1961.

Soldats de la « Françafrique »
La visite du président Moïse Tshombe aux mercenaires qui tentent de freiner l'avancée des Casques bleus, durant la troisième bataille du Katanga qui a lieu du 28 décembre 1962 au 21 janvier 1963 et se soldera par la prise de Kolwezi par les forces de l'ONU. À l'arrière-plan, main droite sur la hanche, on reconnaît Bob Denard, qui est alors le commandant des mercenaires étrangers combattant aux côtés des Katangais.

« Les Affreux »
Plusieurs centaines de mercenaires français, souvent des vétérans de la lutte anti-indépendantiste en Algérie, soutiennent les gendarmes katangais et préservent les intérêts économiques de la France dans la région sécessioniste. « Les affreux », comme on les appelle, sont dirigés par le colonel Roger Faulques, ancien légionnaire.

La répression
Le 28 juin 1960, à Léopoldville, une manifestation du Parti de l'unité nationale (Puna) dirigé par Jean Bolikango est violemment réprimée par l'armée.

Quand la guerre rend fou
Le 20 janvier 1963, sur la route entre Jadotville et Kolwezi, un homme sort d'une case avec son fils terrifié et en larmes accroché à sa jambe. Il met en joue un Casque bleu imaginaire avec un vieux fusil à pierre en hurlant : « ONU ONU ! »

Le départ
En juillet 1960, après que l'indépendance a été déclarée, ces familles d'origine belge, pour la plupart, débarquent à Brazzaville, de l'autre côté du fleuve Congo, première étape de leur retour vers l'Europe.

AFRIQUE CENTRALE

BIAFRA
LES DAMNÉS DE LA FAIM

1967-1970

« Nous demandons pardon à nos lecteurs pour l'atrocité des images rapportées. Mais regarder la vérité est un devoir » : voilà les mots qui accompagnent les photos faites dans la province nigériane du Biafra par Jean-Claude Sauer, le photographe de *Match*, en août 1968. Ce devoir, *Match* se fait fort de le réitérer : la semaine précédente, le magazine avait déjà publié les toutes premières images de cette guerre, signées du jeune Gilles Caron, disparu moins de deux ans plus tard au Cambodge.

Ces enfants morts-vivants, effroyablement décharnés, sont le visage de ce conflit, qui a pour origine la sécession du Biafra, décrétée le 30 mai 1967 par le gouverneur militaire de la région est, Odumegwu Emeka Ojukwu. Ce territoire, fief des Ibos, peuple chrétien et animiste victime de massacres dans le nord du pays, majoritairement peuplé de musulmans, regorge d'hydrocarbures. La province refuse de reconnaître l'autorité du pouvoir central qui a confié l'exploitation pétrolière à des compagnies britanniques, la privant ainsi des bénéfices qu'elle pourrait tirer de l'or noir. Le pays bascule dans une guerre civile qui fera presque 2 millions de morts. Tués dans les combats mais aussi par la famine, conséquence du blocus mis en place par l'État fédéral pour mater cette rébellion.

Première du continent africain à être autant médiatisée, cette guerre a marqué l'inconscient collectif de toute une génération éprise d'idéaux et donne naissance, avec la création de Médecins sans frontières, au « droit d'ingérence humanitaire ». Mais le rapport de force, disproportionné, oblige les sécessionnistes à capituler. L'armistice est signé en janvier 1970.

La mort lente

Le blocus terrestre et maritime imposé par les forces gouvernementales asphyxie le réduit biafrais. C'est le début de la politique d'extermination contre les Ibos, groupe dont sont issus les sécessionistes.

Lorsque la mort approche, les cheveux du bébé moribond deviennent blancs, pareils à ceux d'un vieillard.

Marc Heimer,
Paris Match, n° 1007, 10 août 1968

Durant une semaine, Jean-Claude Sauer et Christian Brincourt ont parcouru, de part en part, le dernier réduit où les 25 000 soldats biafrais, dont 15 % seulement sont armés, résistent encore à un contre dix aux Nigérians équipés par l'Angleterre, soutenus par la Russie et aidés par l'Égypte. Chaque jour, des femmes et des enfants agonisent et meurent derrière les lignes. Ce que nos envoyés spéciaux ont découvert dépasse, par l'horreur, tout ce que les guerres africaines avaient jusqu'ici révélé.

Le kwashiorkor. L'épouvante se cache derrière ce nom barbare, inconnu des médecins européens il y a trente ans. Sa cause : le manque de protéines, c'est-à-dire d'aliments d'origine animale tels que la viande, le poisson, les œufs et le lait. Au dernier stade du syndrome de kwashiorkor, la peau du malade éclate, craque et se boursoufle de plaies, l'enfant vomit, bientôt l'état de son organisme lui interdira de manger. Lorsque la mort approche, les cheveux du bébé moribond deviennent blancs, pareils à ceux d'un vieillard. « *Voilà ce qui, avant un mois, attend un million de nos enfants* », explique frère Louis, un missionnaire mariste, du fond de sa mission d'Uturu, à 15 km du front instable où soldats nigérians et biafrais s'entretuent sans faire de prisonniers sinon pour mieux les torturer à loisir.

« *Si des secours massifs ne nous sont pas immédiatement envoyés, tous mourront. [...] Hier, des enfants, Anna, Francis, Thérèsa et d'autres encore, sont morts de faim ici, aux côtés de leurs mères qui, elles aussi, agonisent avec leurs seins flasques, leurs yeux horrifiés de malheur, leurs larmes qui ne tarissent pas. Aujourd'hui, il y en aura d'autres et le malheur continuera devant l'indifférence du monde...* »

À Umuahia, une bourgade entre Aba et Enugu, l'ex-capitale du Biafra occupée par les Nigérians, un médecin hollandais dirige l'hôpital de fortune. Consterné d'horreur devant les visages angoissés des enfants moribonds, il a expliqué les raisons de la famine : « *Avant tout, le responsable de tout cela est le blocus imposé par les Nigérians. Rien n'arrive plus ici et les fruits de la forêt, les derniers poissons des étangs ne peuvent pas nourrir les 8 millions d'habitants qui demeurent sur les 6 000 km² restant aux mains des rebelles. Même les rats meurent de faim dans les cases vides de grains. Pour permettre aux enfants biafrais de survivre, il serait nécessaire que quatre avions par nuit nous apportent chacun dix tonnes de lait et d'œufs en poudre. Or, savez-vous quel est le rythme actuel des arrivages ? Un à deux par mois ! [...] Nous devons opérer sans anesthésie, faute de médicaments en suffisance. Nous nous occupions environ de 100 cas de malnutrition par an, contre 1 500 cas nouveaux quotidiens aujourd'hui ! De plus, lorsque les Nigérians arriveront ici, ils extermineront vraisemblablement les derniers malades.* »

Dans les villages surpeuplés de la brousse et emplis de l'odeur sucrée qui s'exhale des cadavres accumulés et pourrissants au soleil, les enfants se battent pour des bâtonnets de bois qu'ils mordillent pour tromper leur faim. Il y a longtemps que le dernier chien y a été dévoré et un journaliste a pu y voir un gosse suçant lentement la tête sanguinolente d'une souris, comme sous d'autres latitudes il aurait savouré un bonbon... Où s'arrêtera l'horreur, où commencera l'espoir ? Nul encore ne le sait et chaque jour la situation devient plus dramatique.

Pour le gouvernement fédéral qui estime que l'écrasement du Biafra, c'est-à-dire l'extermination des Ibos qui le peuplent, servira de leçon aux minorités des autres États africains, tout parachutage de vivres sur les zones où sévit le kwashiorkor est considéré comme un acte d'hostilité. La radio de Lagos est allée jusqu'à dénoncer, alors que nos envoyés spéciaux se trouvaient dans les zones rebelles, les « activités criminelles des organisations humanitaires » qui tentent de venir en aide aux enfants d'Aba, d'Afikpo, d'Okigwe ou d'Owerri... « *Après cette guerre, il y en aura d'autres...* », a murmuré frère Louis, le mariste d'Uturu. En quittant nos envoyés spéciaux, il paraissait épuisé, désabusé. Effrayé par un avenir de sang et de cendres.

Ce texte est rédigé par le journaliste Marc Heimer à partir des témoignages du photographe Jean-Claude Sauer et du reporter de RTL Christian Brincourt.

Aux yeux du monde
Jean-Claude Sauer a posé sa caméra près de cet enfant pour que l'on puisse se rendre compte de sa petite taille. Malnutri, il a cessé de grandir et pourrait mourir de faim. Nous sommes en juillet 1968 et on compte alors 6 000 morts chaque jour.

Apaiser
Ces enfants sont morts aujourd'hui. « Quoi qu'on fasse, il est trop tard pour eux », *avait dit à notre reporter le père James, membre d'une mission de pères maristes américains, située à 100 km du front et où les stocks de lait en poudre sont totalement épuisés.*

Le goût de la vie
Autour du cou, ils portent une clé en guise de gri-gri, et sur le front, un morceau de sparadrap avec leur nom de famille. Ces enfants, photographiés à l'hôpital de Santana, après avoir été extraits du camp de réfugiés où ils végétaient, auront peut-être une chance de survivre.

Enfants-soldats
En novembre 1969, sur la route entre la capitale provisoire d'Owerri et le front, ces petits soldats de l'armée biafraise obéissent aux ordres d'un jeune officier d'une douzaine d'années.

La douleur d'une mère
Une bombe a écrasé la maison de cette femme qui hurle de désespoir : son enfant est prisonnier sous les ruines.

AFRIQUE CENTRALE

RWANDA
LE DERNIER GÉNOCIDE DU XXe SIÈCLE

1994

Les reporters français sont peu nombreux à avoir couvert ce conflit, mais tous y ont laissé une partie d'eux-mêmes. Michel Peyrard et Benoît Gysembergh, journaliste et photographe de *Match*, arrivèrent dans le pays peu après l'attentat qui, le 6 avril 1994, a coûté la vie au président rwandais hutu Juvénal Habyarimana ainsi qu'à son homologue burundais. Alors qu'il s'apprête à atterrir à Kigali, leur avion est abattu par un missile. Dans les heures qui suivent, le pays des Mille Collines sombre dans le chaos. Les « Interahamwe » montent des barrages : les Tutsis sont systématiquement tués, souvent découpés à la machette. On se massacre entre voisins, voire au sein d'une même famille : le génocide a démarré. Ce déferlement de violence inouïe n'a rien de spontané, mais a été méthodiquement préparé.

Depuis des semaines, la propagande du régime hutu, soutenu par la France, encourage à tuer ces « cafards » de Tutsis. Une haine dont les origines remontent à la période coloniale. À la tête du pays de 1916 jusqu'à son indépendance en 1962, les Belges avaient divisé les Rwandais en trois groupes : les Hutus, agriculteurs, majoritaires à 80 %, les Tutsis, éleveurs, constituant 20 % de la population, et les Twas, représentant à peine 1 %. Parce qu'on leur prête des origines sémites, les Tutsis sont favorisés par le colonisateur, qui, à l'indépendance, finira par confier le pouvoir à la majorité hutue. Les représailles ne se font pas attendre. Des centaines de milliers de Tutsis fuient vers les pays voisins, où la diaspora s'organise pour constituer le FPR, le Front patriotique rwandais. Le groupe armé tutsi, dirigé par Paul Kagame, prend le pouvoir en juillet 1994. C'est la fin des tueries, mais le début d'un nouvel exode : des centaines de milliers de Hutus se réfugient au Congo voisin.

En cent jours, le génocide a fait de 800 000 à un million de morts. Vieillards, femmes, enfants, bébés, personne ne fut épargné.

« Sur la colline, il en meurt tous les jours »
Voilà ce qu'un prêtre a déclaré aux reporters de Match *en leur indiquant l'une des collines de Bisesero, à l'ouest du pays. La zone est tenue par les milices hutus, qui, chaque jour font la chasse aux 8 000 Tutsis cachés là, comme s'ils traquaient du gibier. Ces hommes et ces enfants, affamés, blessés, se sont réfugiés dans une maison incendiée où ils attendent d'être massacrés. Découverts par les journalistes, ils seront évacués.*

Nous devons prendre garde de ne pas rouler ici sur un crâne qui a basculé sur la piste, là sur un corps jeté en travers.

Michel Peyrard

Paris Match, n° 2349, 3 juin 1994

Voilà maintenant vingt-quatre heures qu'Haziza n'a pas prononcé un seul mot. «*Si seulement encore elle pleurait*», constate Gaspard, inquiet. Le combattant du FPR, l'armée rebelle tutsie, est désemparé. Hier matin, c'était un homme brisé. Tandis que nous pénétrions avec des éléments du FPR dans le district de Nyamata, à une quinzaine de kilomètres de Kigali, Gaspard avait appris brutalement la mort des siens, massacrés par les milices hutues: père, mère, frères, sœurs, huit personnes au total. Et puis, en début d'après-midi, le miracle a eu lieu. Dans une case abandonnée, Gaspard a découvert Haziza, sa sœur cadette âgée de 11 ans. Prostrée. Quand le jeune soldat s'est approché, l'a prise par la main et, avec une infinie tendresse, l'a embrassée, Haziza, enfin, a souri. Mais les questions de Gaspard sont demeurées sans réponses. Comment Haziza a-t-elle pu échapper, seule, aux massacres dans cette région majoritairement tutsie où un habitant sur dix seulement a survécu? Depuis combien de temps était-elle réfugiée dans cette case qui, selon les rares rescapés du village, était celle d'un Hutu? Sans doute près d'un mois, durant lequel elle ne s'est pratiquement pas nourrie.

Pour pénétrer au Rwanda, jusqu'aux environs de Kigali, nous avons choisi une route qui traverse le pays par le sud depuis la frontière tanzanienne.

Dès le poste-frontière, situé au pied des fameuses chutes de Rusumo, on aperçoit dans la rivière Akagera plusieurs dizaines de corps. Capturés par un tourbillon, les cadavres exécutent depuis plusieurs semaines déjà un macabre ballet. La vision qui nous assaille est fidèle au témoignage obstiné de ces corps suppliciés. Et puis, il y a ce silence, oppressant. Ce pays qui comptait naguère 180 habitants au kilomètre carré, l'une des plus fortes densités au monde, est désert. Seuls quelques chiens errants hantent les routes. L'odeur écœurante de la mort, tout au long des 150 km de pistes parcourus, ne nous lâchera plus.

À Birenga, premier village rencontré, premier charnier. Une vingtaine d'hommes, de femmes et d'enfants, en partie dévorés, gisent dans la cour intérieure d'une maison, mains encore nouées dans le dos. Les bébés ont été sauvagement découpés à coups de machette. Plus loin, d'autres corps ont été ensevelis dans une fosse commune. À Roubona, où nous découvrons trois charniers à l'écart du bourg, les rescapés racontent comment, dès les premiers jours des tueries, les autorités de la ville ont donné aux milices hutues la liste de ceux qui devaient mourir. Enivrés par la bière, les miliciens ont parfois défriché des champs entiers de sorgho et de bananiers pour y débusquer leurs victimes affolées.

Les cadavres disséminés dans les campagnes sont si nombreux que nous devons prendre garde de ne pas rouler ici sur un crâne qui a basculé sur la piste, là sur un corps jeté en travers.

À Kanzaze, tout près de Kigali, c'est une armée de zombies qui réinvestit la ville. Pendant un mois, 6000 personnes, pour la plupart des Tutsis réchappés des massacres, se sont terrées dans les marais qui entourent la ville. «*Nous n'en sortions que le soir pour grappiller quelques denrées dans les champs les plus proches*», raconte Claire, une belle jeune femme de 20 ans dont la mère, Nathalie, le père, Alexis, et les deux petites sœurs, Clémence et Claudine, ont été assassinés à coups de machette. «*Nous retournions dans les marais au petit matin, harcelés par les moustiques et les serpents. Beaucoup sont morts de malaria foudroyante. Les blessures se sont gangrenées...*» Aujourd'hui encore, certains habitants de Kanzaze refusent de quitter le marais. Choqués, ils ne veulent pas croire à l'arrivée de leurs libérateurs. Ils n'ignorent pas qu'un groupe qui s'était réfugié dans l'église y a été exterminé à la grenade le 8 mai dernier. Chaque matin, Jean Gasana, un pharmacien du FPR dont la famille a été, elle aussi, anéantie, se rend donc au bord du marigot pour y lancer des appels aux rescapés. «*Le premier jour, j'en ai attiré 500. Le deuxième, ce sont 6000 personnes qui se sont avancées vers moi. J'ai voulu les conduire jusqu'au lac où se trouve de l'eau potable, mais je n'ai pas pu les contenir. L'eau, c'est notre problème. Les cadavres polluent les sources. Ceux qui ont échappé aux miliciens meurent maintenant de dysenterie...*»

À l'aube, Claudine Uwandege est, elle aussi, sortie du marais. Pendant quatre semaines, elle y a vécu en état de semi-inconscience, une profonde entaille à la nuque, le bras gauche à demi détaché par un coup de machette. À l'hôpital, Jean Gasana a achevé l'amputation. Sans beaucoup d'espoir: la gangrène a déjà entamé sa sinistre besogne.

Dernière demeure

La dépouille d'un Tutsi, tué chez lui, en mai 1994. Les morts sont partout, plus personne ne prend la peine de les enterrer.

Charniers
Les chutes de Rusumo, à la frontière entre le Rwanda et la Tanzanie, charrient les corps qui ont été jetés à l'eau en amont.

Rescapé
Blessé à la tête et à la main par des coups de machette, ce petit garçon a réussi à rejoindre un dispensaire où on lui prodigue des soins sommaires.

Pages suivantes
L'exode
Après la reprise de Kigali par les forces tutsies du FPR, plus de 600 000 Hutus, par crainte des représailles, s'étaient réfugiés à Goma, au Zaïre voisin où les Interahamwe tâchaient de se réorganiser. Mais décimés par le choléra, attaqués par les soldats tutsis congolais, ils finissent par reprendre, en 1996, la route en sens inverse. Des centaines de milliers d'entre eux seront immédiatement emprisonnés avant d'être jugés.

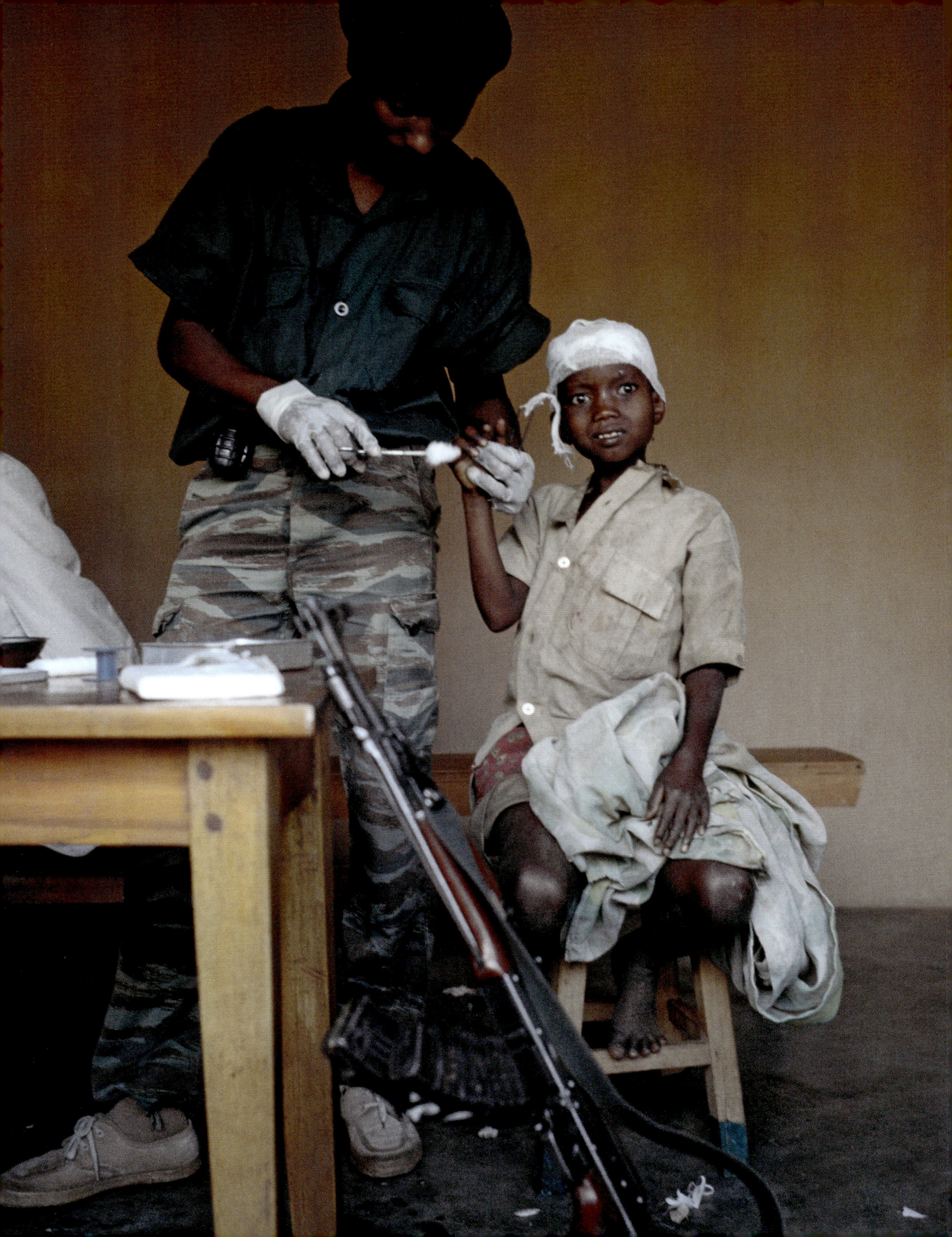

SOMALIE
UNE GUERRE SANS FIN

De 1991 à aujourd'hui

Devant cette mère qui ferme les yeux de son enfant mort de faim, Benoît Gysembergh commentait : *« Je m'abrite derrière l'objectif pour cacher mon impuissance et ma honte. »* Nous sommes en octobre 1992 et la Somalie s'enfonce dans la guerre civile. Depuis la chute du régime militaire de Siad Barre, renversé en janvier 1991, le pays est à la merci des chefs de guerre qui se battent pour le pouvoir et réveillent de vieilles rivalités claniques. Parmi eux, Ali Mahdi Mohamed et le général Aïdid, dont les hommes s'affrontent pour le contrôle de la capitale, Mogadiscio. À cette anarchie, qui provoque l'exode de milliers de Somaliens, s'ajoute une terrible famine, dont les images choquent la communauté internationale. Les États-Unis, sous l'égide de l'ONU, lancent en décembre 1992 l'opération *Restore Hope*, mélange d'aide humanitaire et de droit d'ingérence. Critiquée pour son goût du secret proche de la désinformation pendant la guerre du Golfe, l'armée américaine, cette fois, médiatise à outrance son action, lui donnant des airs de grand spectacle. Mais l'aide, pillée, détournée, n'arrive que rarement aux civils, qui continuent de mourir par milliers. En juin 1993, vingt-trois Casques bleus sont assassinés. Le 3 octobre, deux hélicoptères américains sont abattus et les cadavres des soldats traînés dans les rues de Mogadiscio sous l'œil des caméras. Encore traumatisée par le Vietnam, l'Amérique refuse de s'enliser dans un nouveau conflit.

Fin 1994, les troupes internationales quittent le pays, laissant la population livrée à elle-même.

Victime, aujourd'hui encore, des chefs de guerre ainsi que des affrontements qui opposent, notamment, le fragile gouvernement fédéral aux Chabab, groupe islamique affilié à Al-Qaïda.

Anarchie

Dans les rues de Mogadiscio, des groupes armés se battent pour le contrôle de la capitale. Ici, des combattants, à peine sortis de l'enfance, circulent sur un pick-up, armés de lance-roquettes.

Les enfants meurent à quelques centaines de mètres des hangars où sont entreposées des tonnes de vivres.

Patrick Forestier

Paris Match, n° 2273, 17 décembre 1992

Trois fois, le général Aïdid lève le poing en prononçant d'un ton martial: «*Dieu est grand.*» Les militants de son parti reprennent en chœur l'incantation au Tout-Puissant. Plus de la moitié de Mogadiscio reste sous sa coupe. Si les marines américains, les marsouins et la Légion étrangère viennent en Somalie, c'est d'abord pour que ses hommes de main cessent de piller le riz de l'aide humanitaire. Aussi est-il de bon ton d'islamiser la lutte future contre les infidèles. Aïdid est rusé, menteur et surtout ne tient pas à être dépossédé de ses prérogatives.

Que peut-il faire contre la première armée du monde? Rien, sinon tergiverser et tenter de devenir l'interlocuteur incontournable. «*Le pays n'a pas besoin de militaires mais d'assistance. La troupe ne résoudra rien. Que les Américains me contactent et je leur donnerai assistance*», affirme-t-il. En clair, Aïdid, le chef de guerre, accepterait bien que les Américains arrivent avec leurs dollars mais sans leurs fusils. Qu'au minimum 50% de l'aide alimentaire disparaisse, ce n'est pas sa faute. «*Les Américains sont les bienvenus. Mais qu'ils ne complotent pas contre la Somalie. Que leur présence ne soit pas le prétexte à une recolonisation, à une mainmise sur le pays.*»

Le chef de guerre s'étonne que le monde entier prête attention à la famine qui ravage les villages de brousse. Les Occidentaux ont le cœur tendre, semble-t-il penser. Tout ce branle-bas international, cette mobilisation générale pour ça! Vraiment, il ne comprend pas. «*On a besoin de paix*», affirme-t-il en oubliant que pour éliminer, sans succès, son rival Ali Mahdi, la guerre civile a coûté la vie à 14000 personnes et entraîné une famine provoquant la mort de 300000 autres.

Depuis la fin des combats, la ville n'est plus qu'un amas de ruines où règne la loi des armes. La guerre civile a tout détruit. L'électricité, l'eau courante, le téléphone n'existent plus. Sur la ligne de démarcation qui coupe Mogadiscio en deux, les façades des maisons sont hachées par la mitraille. Il ne manque que des immeubles pour que certains quartiers ressemblent au centre de Beyrouth. Les pluies torrentielles qui s'abattent parfois le matin noient les rues en quelques minutes. Faute de canalisations, l'eau grossit dans l'avenue principale comme un oued. Aïdid règne sur ce cloaque. Il en est le seigneur en titre. Mais il est obligé de composer avec ses vassaux. Pourtant, même Ali Mahdi, son frère ennemi, fait partie de la tribu hawiye. La Somalie offre – fait rare en Afrique – la même unité de langue, de peuple et de religion. Ce n'est que par ambition personnelle que les chefs de guerre se combattent pour le pouvoir et l'argent.

Douze mille cinq cents tonnes de vivres sont restées stockées pendant plus d'un mois dans un entrepôt du port. Des miliciens battent la semelle à l'ombre de la guérite d'entrée. Ils sont 600 à se payer en nature sur le stock. Une jeep, armée d'un canon de 106 sans recul, est censée dissuader les pillards venus de l'extérieur. Autour du hangar, des dizaines de conteneurs vides forment une muraille de fer. À l'intérieur, le spectacle est impressionnant: sur plus de 200 m, des dizaines de milliers de sacs ont attendu pendant plusieurs semaines d'être chargés. Ceux en jute sont estampillés «Australie» et «USA». Les autres, en raphia de plastique blanc, portent le drapeau bleu-blanc-rouge et les mots «Maïs. France». À quelques centaines de mètres, les enfants de moins de 5 ans meurent de faim alors qu'ici il y a de quoi les nourrir. Depuis samedi dernier, des camions du Programme alimentaire mondial ont réussi toutefois à sortir quelques tonnes de grains après d'interminables palabres entre Aïdid et Ali Mahdi. Cent un camions chargés de 10 tonnes chacun ont franchi la ligne de démarcation... en laissant comme droit de passage 40 tonnes à chaque milice.

Dans les rues de Mogadiscio nord, la situation n'est guère meilleure. Les bandes armées sont aussi présentes. Les tirs sont également gratuits. Juste pour le plaisir, pour le bruit et l'odeur de la poudre. Autour de leur mitrailleuse, ils sont une quinzaine à s'agglutiner à l'arrière d'un véhicule hérissé de fusils et de lance-roquettes. Certains portent un bandeau autour du front, d'autres des lunettes noires. Ils sont habillés d'un jean ou vêtus du *maawiz*, le pagne à carreaux importé d'Indonésie. Ils ont 14, 18 ou 20 ans et sont les maîtres, les Rambo de la ville en ruine. «*Mogadiscio, c'est Los Angeles et ses gangs puissance mille*, explique un Américain des Nations unies. *S'ils veulent votre voiture ou votre montre, mieux vaut s'incliner, sinon, c'est la mort assurée... Ici, il n'y a ni police ni autorité, c'est la loi de la jungle.*»

Même plus de larmes

Septembre 1992, cette femme, épuisée, n'a plus la force de pleurer alors qu'elle s'apprête à aller enterrer son bébé qui vient de mourir de faim. Le chaos provoqué par l'affrontement des différentes milices, qui réquisitionnent les vivres, a entraîné une famine sans précédent.

La peur

En décembre 1992, avec l'accord des Nations unies, les Américains lancent l'opération Restore Hope *et envoient 25 000 soldats en Somalie pour rétablir l'ordre. Ce sera un échec. Ici, un GI circule le long de la « ligne verte », qui sépare Mogadiscio entre les milices d'Ali Mahdi Mohammed au nord et celles de Mohammed Farrah Aïdid au sud.*

Guerre et humanitaire

Aux côtés des Américains, les Français montent l'opération Oryx, *pour permettre, notamment, d'assurer le bon déroulement des distributions d'aide humanitaire.*

Sans horizon

Un enfant du camp de réfugiés d'Ifo, situé à Dadaab, au Kenya, près de la frontière somalienne. Ouvert en 1991, il est devenu l'un des plus grands camps de réfugiés du monde, comptant à certaines périodes plus de 450 000 personnes.

ANGOLA
LES BRAISES DU POSTCOLONIALISME

1975-2002

Ses richesses auraient pu transformer cette ancienne colonie portugaise en eldorado mais, au lieu de ça, ses diamants et son pétrole financèrent une guerre civile qui dura vingt-sept ans.

Devenu indépendant en novembre 1975, l'Angola, situé sur la façade atlantique du continent africain, avait de quoi réveiller les appétits des grandes puissances, *a fortiori* dans un contexte de guerre froide. Communiste, le premier président du pays, Agostinho Neto, dirigeant du Mouvement populaire de libération de l'Angola (MPLA), soutenu par les Soviétiques, s'oppose à Jonas Savimbi, le charismatique chef du mouvement rebelle de l'Unita, pro-occidental, même s'il s'inspire de la doctrine militaire maoïste. L'écrivain et grand reporter de *Match* Jean Lartéguy, qui l'avait rencontré à plusieurs reprises, appréciait, écrivait-il, « sa franchise ».

Bien qu'il honnisse le régime d'apartheid, Savimbi est appuyé, entre autres, par l'Afrique du Sud, qui lui envoie des soldats, ainsi que par les États-Unis et la Chine. En face, le régime de José Eduardo dos Santos, qui a succédé à Neto à la mort de ce dernier en 1979, bénéficie du renfort de plus de 50 000 membres du corps expéditionnaire cubain épaulés par des milliers d'experts issus des États membres du pacte de Varsovie.

Après plusieurs tentatives de conciliation infructueuses, cette guerre d'usure, qui a fait plus de 500 000 morts et 4 millions de déplacés, prend fin avec la mort de Jonas Savimbi, tué dans une embuscade par les forces du régime le 22 février 2002, et la signature, un mois et demi plus tard, d'un cessez-le-feu.

Chef rebelle

Jonas Savimbi, le leader de l'Unita, acclamé par ses partisans à Jamba, la capitale de la zone qu'il contrôle, au sud-est du pays, le 18 juillet 1983. Richard Janelle, qui a pris cette photo, disparaîtra aux côtés de l'aventurier et animateur de l'émission La Chasse au trésor, *Philippe Dieuleveut, au Congo, en août 1985.*

Il existe des villes de mutilés : soldats amputés, femmes et enfants qui ont sauté sur les mines dont le pays est truffé.

Jean Lartéguy

Paris Match, n° 2025, 18 mars 1988

Un petit avion me dépose sur une piste de terre, au milieu de la savane que l'on appelle ici le «bush». De la forêt, des marécages, des points d'eau où viennent boire des coudous, grandes antilopes aux cornes noires, des troupeaux d'éléphants. La région, au temps des Portugais, était un parc national.

Aujourd'hui, Jonas Savimbi y a installé sa capitale «provisoire», Jamba, qui signifie «éléphant». Je demande si Savimbi est là. On m'apprend qu'il vient de repartir au front, que je devrai l'attendre, ce qui me permettra de découvrir comment, avec des moyens dérisoires, fonctionne la petite république libre d'Angola.

Jamba n'est qu'une série de paillotes, dissimulées sous les frondaisons des arbres, une base logistique créée pour la guerre. Au cours de mon séjour d'une semaine, j'aurai droit à un certain nombre de briefings sous paillote. Me frapperont leur qualité, la précision des chiffres, la clarté des tableaux projetés sur un écran. Et aussi l'imprécision dans laquelle tout se noie lorsque je demande quel fut exactement le rôle de l'armée sud-africaine dans les combats récents. Sur un vaste terrain débroussaillé pour l'occasion a été rassemblé le matériel récupéré sur les soldats de Luanda au cours de la récente bataille sur la rivière Lumba. Une centaine de camions, une huitaine de chars lourds T 54, T 55 avec leurs larges chenilles, des tanks amphibies équipés de missiles, des transports de troupes blindés, des automitrailleuses, des orgues de Staline, des carcasses d'hélicoptères et de Mig abattus, des centaines de mitrailleuses, de mortiers de 120 mm, des montagnes de kalachnikovs, des tonnes de munitions.

L'Unita fait l'impossible afin de se suffire à elle-même. Cela ne posait pas trop de problèmes tant qu'elle menait un combat de guérilla, mais la voici confrontée aujourd'hui à une guerre conventionnelle.

J'ai visité des ateliers où l'on réparait les armes, où l'on refaisait les crosses des kalachnikovs, d'autres où des femmes cousaient, des hommes taillaient les uniformes dans un grand ronronnement de machines à coudre. Je tâte le tissu ; il est d'excellente qualité et je demande d'où il vient. On me répond : *«D'un pays d'ailleurs.»* Le «pays d'ailleurs» est un terme souvent employé pour désigner l'Afrique du Sud, cet allié obligé et gênant.

En pleine brousse, je devais découvrir deux jeunes Françaises, Geneviève Rouchy et Chantal Cluset, kinésithérapeutes de l'OHI (Opération handicap international) venues apprendre bénévolement aux mutilés à se servir de leurs prothèses fabriquées sur place. Il existe, dans tout l'Angola, de véritables villes de mutilés: soldats blessés, amputés, civils, femmes et enfants qui ont sauté sur les mines dont le pays est truffé. Pendant six mois, ces deux Françaises mèneront une vie des plus sommaires, coupées du monde, soutenues par l'infinie gentillesse du peuple angolais.

Domingo Augusto, 19 ans, a été capturé le 4 octobre 1987. Il appartenait à la brigade 47 qui s'est évanouie dans la nature. Il était garde du corps du commandant soviétique de la brigade. Domingo a été raflé dans la rue pour en faire un soldat. *«Les Soviétiques agissaient à notre égard,* dit-il, *comme s'ils ne nous voyaient pas. Ils vivaient entre eux, mangeaient entre eux, tandis que nous montions la garde pour qu'on ne les approche pas. Mais nous autres, nous avions le ventre creux.»* Je verrai d'autres prisonniers, des enfants de 14-15 ans. Ils ne comprennent rien à ce qui leur est arrivé, mais tous me disent leur lassitude de cette guerre qui devient un règlement de comptes entre puissances étrangères. *«Sans les Russes et les Cubains, il y a longtemps,* affirment-ils, *que les Angolais se seraient entendus entre eux.»*

Jonas Savimbi, s'il est devenu démocrate, n'a rien oublié des leçons qui lui furent prodiguées en Chine populaire, quand on lui apprenait l'art de la guerre, mais aussi l'encadrement des foules. J'ai rencontré le commandant Amilcar Eduardo alors qu'il arrivait du nord de l'Angola. Il m'affirma s'être promené en uniforme dans tout le pays jusqu'aux abords des bidonvilles de Luanda où il retrouvait les responsables des réseaux opérant dans la capitale. *«Le MPLA,* me dit-il, *est profondément divisé sur la poursuite de la guerre, beaucoup souhaitent la paix et s'entendre avec nous. Mais les Russes et les Cubains veillent. Les communistes du MPLA ne tiennent plus que les villes. Partout la misère, la faim, les queues devant les magasins vides, les enfants raflés à la sortie des écoles, tandis que sur ce pauvre pays continuent à se déverser les armes soviétiques.»*

Le camp se réveilla soudain de sa torpeur. La clique, en grand uniforme, défile devant nos paillotes. Elle joue avec conviction, mais horriblement faux. Le président Jonas Savimbi venait d'arriver.

La vie en terrain miné

À Menongue, ce petit garçon, victime d'une mine antipersonnelle, a été pris en charge dans un centre orthopédique. Nous sommes en 2003 et la guerre, terminée depuis un an, a laissé derrière elle plus de 3000 champs de mines.

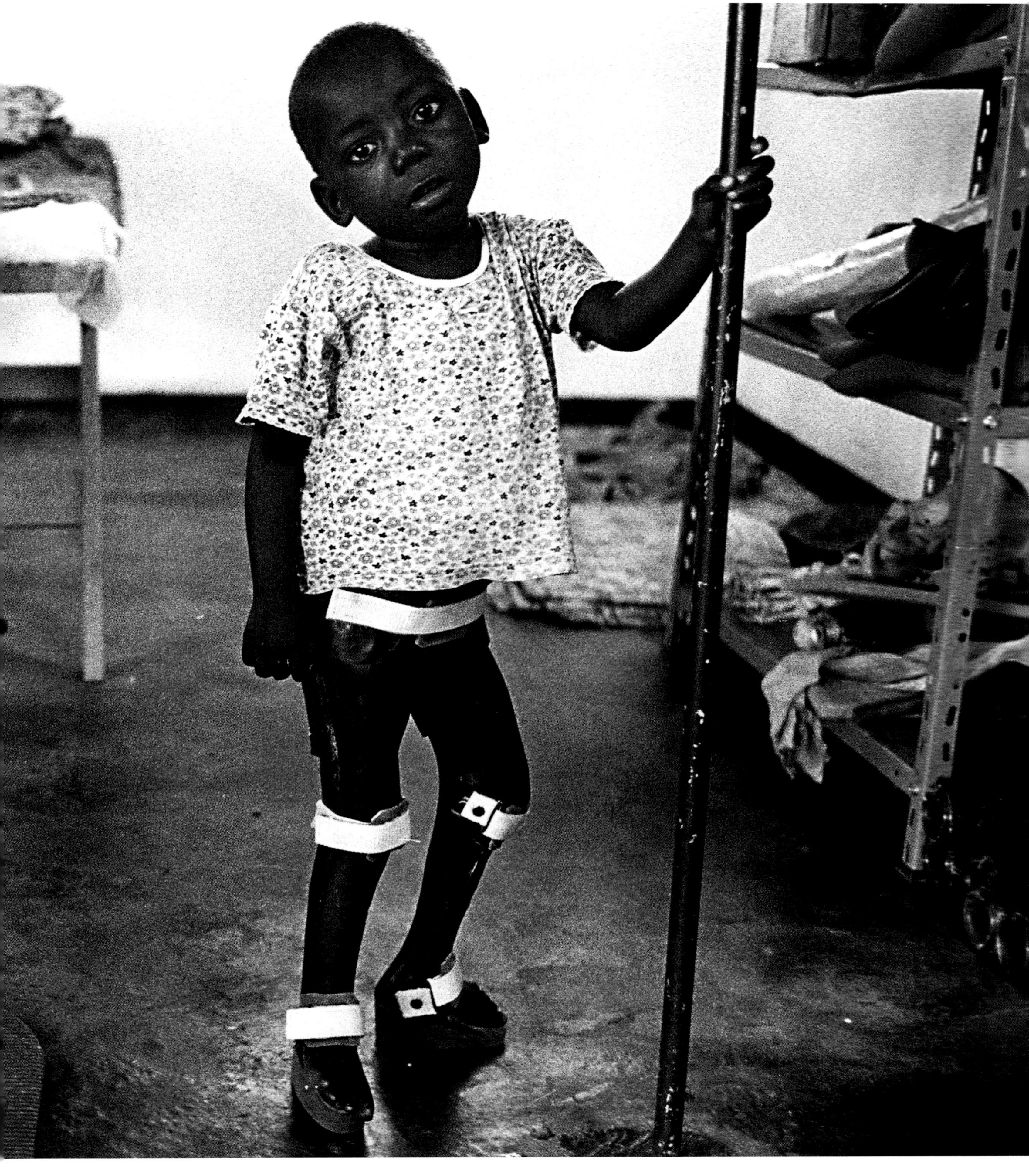

L'éducation à la cause

Un cours d'éducation en plein air, pour se former à l'histoire de l'Unita et revenir sur la lutte de libération contre la domination portugaise.

Formés pour résister
Les combattants rebelles se forment à la guérilla, quelque part dans la jungle du nord du pays.

Enfants de la paix
En novembre 2010, à Sumbe, ces trois jeunes Angolais posent devant un mur où une fresque de Che Guevara témoigne du souvenir de la présence de nombreux soldats cubains côté gouvernemental durant la guerre.

SUEZ
CANAL HISTORIQUE
1956

« La pauvreté n'est pas une honte, c'est l'exploitation des peuples qui l'est », déclare Gamal Abdel Nasser, à Alexandrie, le 26 juillet 1956. *« Nous reprendrons tous nos droits, car ces fonds sont les nôtres, et ce canal, la propriété de l'Égypte. »* Avec ce discours, historique, le président égyptien vient de nationaliser le canal de Suez.

Jusque-là contrôlé par une compagnie franco-britannique, il est le seul lien, vital pour l'approvisionnement du pétrole en Europe, entre la Méditerranée et la mer Rouge. Fin octobre 1956, soutenu par la France et le Royaume-Uni, Israël envahit la péninsule du Sinaï. Le 5 novembre, les Français et les Britanniques bombardent et envoient des troupes au sol, afin, disent-ils, de « *protéger* » le canal.

Charles Favrel, grand reporter de *Paris Match* ayant été légionnaire durant cinq ans, a sauté avec les parachutistes français qui avaient pour mission de s'emparer d'un pont sur le canal. Quelques heures plus tard, sous la pression des États-Unis et de la Russie, un cessez-le-feu est accepté.

Pourtant, le 10 novembre, trois jours après la mort de Jean-Pierre Pedrazzini blessé à Budapest, Jean Roy, lui aussi reporter de *Match*, et David Seymour, photographe et cofondateur de l'agence Magnum, meurent d'une rafale de mitrailleuse égyptienne près d'El-Kantara. Cinq jours plus tard, les soldats de l'ONU débarquent. Les troupes françaises et britanniques se retirent en décembre, avant que le canal ne repasse totalement sous contrôle égyptien en mars 1957. Une victoire pour Nasser, figure du nationalisme arabe, qui, malgré les revers militaires, vient de remporter le combat diplomatique.

La voie du monde
La Royal Air Force qui a pris le contrôle du canal, surveille, notamment, l'unique pont reliant l'Afrique à l'Asie.

Le saut, le choc de l'ouverture du parachute… On nous tire à vue comme des pantins de foire et la descente est un moment d'éternité.

Charles Favrel

Paris Match, n° 397, 17 novembre 1956

La reconquête du canal de Suez dépendait de la possession et du contrôle d'un unique ouvrage, le pont jumelé, route et voie ferrée, qui enjambe, à la sortie sud de Port-Saïd, le sas du bassin intérieur. L'état-major décida qu'une unité de parachutistes s'emparerait coûte que coûte de cet objet capital vingt-quatre heures avant le débarquement naval.

Le 2e régiment de parachutistes coloniaux fut choisi pour cette mission. Commandée par le colonel Chateau-Jobert, dit « colonel Conan », cette unité d'élite venait de faire ses preuves en Algérie. Sa devise « *Ne pas subir* » avait été celle du général de Lattre. À Chypre, ce dimanche 4 novembre, le colonel Conan tint le briefing décisif que ses officiers attendaient depuis huit jours. « *N'attendez pas de moi des mots historiques, bien que notre mission doive faire date dans l'histoire*, leur dit-il. *Le régiment sautera demain sur Port-Saïd.* »

Quatre heures du matin: harnachement des parachutes, installation dans les appareils, ultimes vérifications, fermeture des portes, décollage.

Six heures: les lueurs rouges du soleil levant éclairent les visages fatigués des hommes assoupis. Les yeux s'ouvrent, les cigarettes s'allument, les jambes s'étirent. On cause, on plaisante. Intellectuel catholique et contrôleur civil à Tizi-Ouzou, le sergent Blondel s'est engagé au 2e para pour la durée de ses vacances administratives. Il croyait rester en Algérie, le voici volant vers l'Égypte. La côte est en vue, nous survolons la monotonie du désert du Sinaï, puis l'avion vire à l'ouest et le feu rouge s'allume. Les trente hommes doivent sauter, de chaque côté de l'appareil où s'engouffre un vent frais. On commence à grelotter. À 7 h 15 apparaît enfin la longue ligne droite du canal. Dix minutes plus tard, c'est le feu vert: « *Go!* »

Un long cri jaillit de trente poitrines angoissées. La ruée vers les portes, le saut, le choc de l'ouverture du parachute, le premier balancement et, tout de suite, le miaulement des balles et les claquements d'une défense contre avions (DCA) rageuse. Nous sommes attendus. On nous tire à vue comme des pantins de foire et la descente est un moment d'éternité. Au sol, nous sommes reçus par des explosions. À 60 m de nous, le sergent Blondel tombe, foudroyé. C'est notre premier mort. On aura, plus tard, le temps de le pleurer. Les hommes tirent en courant puis se plaquent au sol, tirent encore et repartent pour un nouveau bond. Le mitrailleur égyptien qui a tué Blondel gît sur le dos, les bras en croix, près de sa pièce abandonnée.

Les foulards verts de la 4e compagnie viennent d'atteindre le canal, les foulards bleus de la 1re progressent en direction du pont. Canons, mortiers, mitrailleuses font un barrage de feu qui semble infranchissable. Alors, dans le ciel de la bataille, surgissent les avions sauveurs qui piquent sur les objectifs dans un rugissement d'apocalypse. Il faut attendre pour avancer. Au loin, la ligne blanche des buildings de Port-Saïd, à gauche, un village au pied d'un minaret et, dans l'ouest, sur le plan d'eau, les ailes blanches des felouques de pêcheurs.

L'usine des eaux n'a pas été touchée, les machines tournent sous la surveillance de trois ou quatre civils apeurés. De l'usine au canal, des cadavres jonchent le sol, des blessés, des prisonniers sont rassemblés. Le pont est atteint et un voltigeur y plante son fanion bleu. Il est 9 heures. À 17 heures, le général égyptien commandant la place demande à être reçu par le colonel français. Vêtu d'une élégante tenue de toile, coiffé d'une casquette plate, revolver au côté, le général Mogy ressemble à Nasser. « *Je viens vous demander les conditions d'un cessez-le-feu provisoire*, dit-il en anglais. *Nos blessés ne peuvent être soignés et nous comptons sept cents morts, femmes et enfants.* » Le général Butler, commandant la 16e brigade anglaise des parachutistes, exige que les formations militaires et paramilitaires ainsi que les civils soient désarmés. À 21 h 30 précises, Le Caire donne l'ordre de repousser les conditions du cessez-le-feu.

Le lendemain matin, le réveil fut sonné depuis l'autre rive par un char égyptien tirant à bout portant sur le PC du colonel Conan. Mortiers et canons de 106 prirent à partie le char qui se déplaçait, invisible, dans le dédale des rues de la cité pétrolière. Appelée d'urgence, l'aviation qui protégeait à ce moment le débarquement naval arriva.

À 11 heures, la radio nous apprenait que de nouveaux pourparlers avaient été engagés au siège de la compagnie du canal. À 13 heures, la liaison franco-britannique s'effectuait. C'est alors qu'arriva l'ordre d'un cessez-le-feu général. Dans son PC, le colonel Conan faisait le bilan du combat de son unité. Pertes: 8 tués, 40 blessés. Pertes adverses: 203 tués, 88 prisonniers.

L'adieu à notre reporter

La dernière photo de Jean Roy, tué le 13 novembre 1956. Ancien de la France libre, il avait participé au débarquement de Normandie et été grièvement blessé à Bastogne. Sur le pare-chocs avant de sa jeep, il avait peint le numéro de téléphone de Paris Match, *BAL 00 24.*

BAL 0024

L'assaut

Plus de 1 000 parachutistes français viennent de s'emparer de Port-Fouad, côté est du canal. Leur mission principale : prendre le pont de 120 m qui relie cette ville à Port-Saïd, située à l'ouest, juste en face. Partout, ils emportent cette poupée, accrochée au paquetage de l'un des soldats, devenue leur mascotte.

Sauvetage
À Port-Saïd, le journaliste de Match, *Jean Roy (à gauche), et son confrère, Jean Noli (à droite), emmènent comme ils le peuvent un enfant qui vient d'être blessé dans l'une des deux rues tenues par les troupes du corps expéditionnaire où ont eu lieu des affrontements.*

Nasser, leur héros
Bain de foule pour le président Gamal Abdel Nasser, devenu une idole pour son peuple depuis qu'il a décrété la nationalisation du canal. Il vient de remporter une victoire diplomatique à l'ONU, qui annonce, le 15 novembre 1956, que ses Casques bleus vont remplacer les troupes franco-britanniques. C'est leur première intervention.

SIX JOURS ET KIPPOUR
LES GUERRES ÉCLAIR
1967 et 1973

Le Moyen-Orient tel que nous le connaissons a été défini par ces deux guerres, indissociables. En mai 1967, le président égyptien Nasser déclare la fermeture du détroit de Tiran, où les Israéliens avaient obtenu le droit de naviguer librement. *« Une telle mesure nous oblige à être prêts à engager une guerre totale contre Israël »*, déclare-t-il. Le roi Hussein de Jordanie se rallie à sa cause. L'État hébreu, encerclé par les armées des nations arabes comme dans un étau, prend alors les devants. Le 5 juin 1967, il lance ses avions et ses chars contre l'Égypte, la Syrie et la Jordanie, où se trouvait alors le grand reporter de *Match* Georges Menant. C'est une victoire fulgurante : les moyens aériens de ces trois pays sont anéantis, leurs combattants décimés et Israël s'empare du Sinaï, de Gaza, de la Cisjordanie, de Jérusalem-Est et du Golan. Mais si la guerre est gagnée, la paix, elle, reste précaire.

Six ans plus tard, le 6 octobre 1973, alors qu'en Israël on fête Yom Kippour, le « jour du Grand Pardon », l'Égypte et la Syrie attaquent. Une guerre de revanche destinée à reconquérir le Sinaï et le Golan. Au Caire, la diva Oum Kalthoum chante *En avant !*, le peuple est galvanisé. Mais après les premiers succès, qui doivent beaucoup à l'effet de surprise, ces armées novices se heurtent à la contre-attaque israélienne. Les soldats de Tsahal, qu'accompagnait le photographe Claude Azoulay, récupèrent vite le terrain perdu.

Mais avec ce conflit, le mythe de l'invincibilité israélienne s'est brisé et les pétromonarchies, qui imposent alors un embargo contre les pays soutenant Israël, prennent la mesure de leur puissance en provoquant le premier grand choc pétrolier. Sous la pression internationale, un cessez-le feu est signé le 25 octobre. En 1978, le Premier ministre israélien Menahem Begin et le président égyptien Anouar el-Sadate signent les accords de paix de Camp David. L'Égypte devient alors le premier pays arabe à reconnaître l'État d'Israël.

Le symbole de la patrie
En prenant Jérusalem-Est, les Israéliens retrouvent l'un des vestiges les plus sacrés du peuple juif, le Mur des lamentations, qui est tout ce qu'il reste du temple de Salomon. Depuis 1948, la vieille ville de Jérusalem était tenue par la Jordanie. Au premier plan, avec le sac à dos, le photographe Gilles Caron, qui disparaîtra au Cambodge.

À l'hôpital d'Amman, devant tant de malheur, les coureurs de catastrophe que nous sommes se taisaient, bouleversés.

Georges Menant

Paris Match, n° 950, 24 juin 1967

J'écris ces lignes à la lueur d'une chandelle volée. Volée dans le couloir de l'hôtel, où elle éclairait l'entrée des ascenseurs. Ainsi vont les choses à l'*Intercontinental*, le grand caravansérail d'Amman, où les journalistes vivent en réfugiés, à l'enseigne néfaste du «chacun pour soi, Dieu pour tous» qui est en train de devenir celle de tout le pays. À travers la baie vitrée de ma chambre, j'embrasse les collines rousses d'Amman qu'incendie le soleil agonisant. Mais toute cette beauté n'a plus de sens, et ce soleil-là est un soleil de mort. Amman n'a toujours pas compris la défaite de son armée, la meilleure du monde arabe, battue en soixante heures. Et voici que la ville se transforme en une gigantesque colonie de clochards où le pain, le lait, le savon, les allumettes, l'eau même commencent à faire défaut. Sur 2 millions d'habitants, la Jordanie comptait 1 million de Palestiniens, chassés de chez eux par la guerre de 1948. Les voici à nouveau déracinés par l'avance israélienne, réfugiés dans un pays qui vient de se rétrécir comme une peau de chagrin. Amputée de sa meilleure part, la fertile plaine du Jourdain, où poussait à peu près tout ce qui peut pousser dans ce pays de sable et de cailloux. «*J'étais parti pour me battre contre des hommes*, nous disait tout à l'heure un blessé hagard sous son maquillage de poussière et de sang. *Mais je n'ai jamais réussi à voir un homme, je n'ai vu que de l'acier!*»

Le lundi 5 juin, il est 8 heures lorsque les premiers coups de feu éclatent à Jérusalem, située à moins de 100 km de la capitale jordanienne où ordre est donné de bloquer les journalistes. On s'inquiète et l'on apprend que la bataille de Jérusalem vient de s'engager. Dès les premières détonations, la ville s'est vidée de sa foule. Tom Yates, le réalisateur de la chaîne américaine NBC, sera l'un des premiers morts: à travers la verrière de l'hôtel où il avait mis ses caméras en batterie, une balle de mitrailleuse tirée depuis les positions israéliennes du mont Scopus l'a touché en plein front.

Chez les Jordaniens, c'est tout de suite l'enthousiasme. L'armée est arrivée en chantant sur les collines qui bordent Jérusalem. Et le mont Scopus, enclave israélienne en territoire jordanien, est très vite tombé. C'est le premier bulletin de victoire, qui va retentir aussitôt sur toutes les radios du monde arabe. Éphémère, amère victoire! Soudain, le mont Scopus s'enflamme: du ciel, c'est comme une noria de bombes, qui se déverse sur les positions jordaniennes où les soldats du roi, encore essoufflés par l'assaut, n'ont pas eu le temps de creuser leurs trous dans la terre caillouteuse des pentes. Les avions israéliens piquent comme à l'exercice, l'infanterie israélienne reprendra le mont Scopus presque sans combattre. Hachés par les rafales des mitrailleuses d'avion, les soldats jordaniens sont morts sans avoir compris. Entre le lac de Tibériade et la mer Morte, les colonnes israéliennes se lançaient à l'attaque. Après Jérusalem, Jéricho, Bethléem, Naplouse, Hébron, toutes les villes de la Palestine sainte tombaient l'une après l'autre.

Le vendredi matin, nous, les journalistes d'Amman, étions conviés à l'hôpital militaire où se trouvaient les blessés. Ils étaient entassés jusque dans les couloirs. Nombre d'entre eux n'étaient plus qu'une plaie: chairs gonflées, yeux fixes, ils avaient été brûlés par le napalm. Et devant tant de malheur et d'horreur, les coureurs de catastrophe que nous sommes se taisaient, visiblement bouleversés.

À Amman, les choses ne font qu'empirer. Nous vivons cloîtrés à l'hôtel et nos camarades de la télévision italienne sont rentrés d'une sortie en ville couverts de crachats. Le 5 juin, après deux heures d'alerte aérienne, les pistes de l'aérodrome étaient éventrées et tous les appareils détruits. Et le bureau du roi Hussein, criblé d'éclats, les vitres brisées, les rideaux déchirés. Sur les 30 000 hommes qui étaient le fer-de-lance de l'armée jordanienne, 20 000 sont morts ou blessés.

Sur la route de Naplouse, comme sur celle de Jérusalem ou de Jéricho, c'était le même spectacle de désolation – le spectacle de tous les exodes, aggravé ici par le soleil et la soif. Des carrioles surchargées de matelas, de casseroles, de récipients. Des camions auxquels s'accrochent, pêle-mêle, femmes, enfants et blessés gémissants. Des gens qui ont fait jusqu'à 100 km, pieds nus, pour atteindre le Jourdain, avec l'espoir de retrouver un enfant, un frère, un gîte. Et qui ne trouvent qu'une nouvelle étape à leur calvaire, et un dénuement toujours plus grand. Et qui voient arriver les camions-poubelles de la voirie israélienne chargés de cadavres de soldats jordaniens – ce n'est pas par mépris des morts mais on est débordé des deux côtés – qui viennent déverser leur chargement sur l'autre rive du fleuve.

Le sourire des vainqueurs

Ces soldats israéliens se réjouissent de cette victoire qui leur permet d'occuper le Sinaï, la Cisjordanie, le Golan, Gaza et Jérusalem-Est.

507
Mirage IIIC
Mirage IIIC

Les morts du désert
En juin 1967, dans la péninsule du Sinaï, la dépouille d'un soldat égyptien abandonnée près des chars témoigne de la violence des combats.

La maîtrise du ciel
Les mirages III israéliens, des chasseurs bombardiers fabriqués par la France, capables de frapper en vol avec des missiles à rayons infrarouges et des canons de 30 mm, ont joué un rôle décisif et fait basculer le rapport de forces en faveur d'Israël dès leur premier assaut, le 05 juin 1967, lors duquel ils ont anéanti l'aviation égyptienne.

La reddition
Cet homme a été fait prisonnier par les hommes de Tsahal durant l'avancée des soldats israéliens sur le plateau du Golan, en Syrie.

« Les avions ! » crient mes passagers. Nous abandonnons la voiture. Quatre Mig 17 foncent sur nous. Je n'ai pas le temps de penser.

Claude Azoulay

Paris Match, n° 1276, 20 octobre 1973

Le lundi soir, quarante-huit heures après le début des combats, j'arrive dans une voiture de louage sur l'une des routes de la Haute-Galilée au Golan, à quelques kilomètres de Quneitra, située sur la frontière israélo-syrienne. Je partage mes maigres provisions avec le conducteur d'un camion de munitions et nous «soupons» à même le sol avant de nous endormir. Réveillés par un obus syrien qui tombe à quelques dizaines de mètres, nous nous précipitons d'abord sous un tank en réparation. Dans le noir je déplace ensuite ma voiture au milieu des tanks, half-tracks, camions, ambulances qui s'égaillent, tous feux éteints. Le matin, café chaud offert par les tankistes dont l'escadron fait halte sur le bord de la route. Les servants des mitrailleuses surveillent le ciel. Sur quelques chars, des juifs pieux revêtent la chape de prière, le taleth, et s'enroulent les bandelettes, les tefillin, qui relient leur bras gauche à leur front, pour réciter les psaumes du matin. L'un d'eux m'interpelle: *«Vous êtes français ?»* C'est un immigré belge, Chalom Zugerman, qui vient d'être mobilisé. Il rédige en hâte une lettre pour que je la donne à sa femme à mon retour à Tel-Aviv.

Je dépasse la colonne blindée et je m'intègre à une patrouille de reconnaissance, jeeps et side-cars, qui poussent des pointes à droite et à gauche de l'axe de progression. Aucune question de la part des soldats qui font leur travail et me laissent faire le mien. À un certain moment ils font demi-tour. Je suis seul. Arrive alors, se dirigeant vers Quneitra, une Volkswagen qui roule à toute vitesse et je décide de continuer derrière elle. Après quelques kilomètres, les éclatements d'obus se multiplient et encagent dangereusement la chaussée. Nous nous arrêtons. De la Volkswagen descend un civil. C'est un réserviste de la marine d'Israël, Moshe Godman. Il a 43 ans. Comme il n'a pas encore été rappelé, il a consenti à prendre en stop et à conduire vers le front deux soldats de 18 et 19 ans: Mordechaï et Uri. *«Nous devons absolument rejoindre notre unité qui est engagée autour de Quneitra,* m'expliquent-ils, *car Moshe ne veut plus continuer.»* Je décide alors de les prendre avec moi et de pousser jusqu'à la ligne de contact. À peine avons-nous démarré que, devant nous, la terre se soulève, l'air vibre, des flammes jaillissent au milieu d'explosions. Nous avons pu entendre aussi le hurlement des réacteurs: *«Les avions!»* crient mes deux passagers. Nous abandonnons la voiture. Quatre Mig 17 foncent sur nous. Je n'ai pas le temps de penser. Après les bombes, ce sont les roquettes. La passe nous manque de peu, soulevant une grêle de pierres et de poussière. Les avions recommencent leur noria. *«Cette fois,* lance Uri, *c'est la bonne.»* J'ai le temps de faire quelques photos. Mais les Mig paraissent abandonner. Peut-être ont-ils considéré que nous ne valions pas leurs munitions. *«Regarde!»* Les deux jeunes soldats me désignent un point brillant qui grandit. Un Mirage, qui nous paraît magnifique, arrive au-dessus de nous. Je peux distinguer les ailes en delta et l'allongement de son nez. Les Mig, sans attendre l'affrontement, ont rompu le combat. Ils filent vers la Syrie avec le Mirage à leurs trousses pendant que se dissipe la fumée des explosions.

Quneitra est rigoureusement déserte lorsque j'y arrive. Nous avançons dans une ville morte et détruite. Le bled devant nous est sinistre et menaçant. Je sens que nous entrons dans un no man's land. Tout à coup un cri: *«Halte! Où allez-vous?»* Derrière un blockhaus et un repli de terrain, un homme en uniforme nous fait signe. C'est un officier commandant une unité de blindés. *«Ça ne va pas du tout,* me dit-il vigoureusement. *Vous vous promenez à distance de tir des mitrailleuses syriennes.»* J'apprendrai qu'une heure après notre départ à 11h30 exactement, une brigade de chars lourds T62 est passée à l'attaque de Quneitra. Dans la nuit, j'arrive à Tel-Aviv. Le temps de boucler ma valise et, au moment où je franchis la porte de l'hôtel, les sirènes de la première alerte aérienne sur la capitale d'Israël retentissent. C'est dans l'obscurité totale que j'arrive au terrain d'aviation de Lod pour expédier mes photos.

Aidés par la foi

Sur le front égyptien, dans le désert du Sinaï, les soldats de Tsahal prient avant la bataille.

En ordre de marche
En octobre 1973, ce commando parachutiste, qui a attaqué Charm el cheikh, est une des unités de choc de la nouvelle armée égyptienne qui vient de lancer l'opération Badr *afin de reconquérir une partie du Sinaï après avoir franchi le canal de Suez. Dans le même temps, la Syrie attaque sur le plateau du Golan.*

La stupeur
Ce soldat syrien semble hébété par l'ampleur de la contre-attaque israélienne. Tsahal, malgré la supériorité numérique de ses adversaires, regagne du terrain sur le plateau du Golan.

Les visages de la contre-offensive
Cette photo contribuera à bâtir la popularité du général de réserve Ariel Sharon en Israël. Aux côtés du ministre de la Défense, Moshe Dayan, il a joué un rôle majeur dans ce conflit, en tant que commandant de division sur le front du Sinaï.

PROCHE-ORIENT ET MOYEN-ORIENT

LIBAN
LE DÉCHIREMENT

1975-1990

Ce dimanche 13 avril 1975, Pierre Gemayel, chef des kataëb, les phalangistes chrétiens, assiste à la messe donnée dans l'église Notre-Dame-de-la-Délivrance, située dans le quartier chrétien d'Ain el Remmaneh, à Beyrouth. À la sortie de l'office, une voiture force les barrages et ses occupants canardent la foule, faisant quatre morts. Quelques heures plus tard, dans le même quartier, un bus transportant des fedayins palestiniens est pris pour cible par les kataëb. Bilan : 27 morts. Deux événements qui, dans un climat de tension permanente, provoquent l'embrasement. La guerre civile durera quinze ans et fera plus de 200 000 morts.

Milices chrétiennes, druzes, sunnites, chiites, disparités économiques, tensions religieuses… le pays, basé sur un système multiconfessionnel, se déchire ; les alliances se font et se défont, les ennemis d'hier devenant les amis d'aujourd'hui et *vice versa*.

Base arrière des combattants palestiniens, qui s'y sont repliés par milliers, le Liban est aussi le lieu où s'affrontent, par procuration, les voisins syrien et israélien. L'armée syrienne est déjà présente dans le pays depuis 1976 et Tsahal franchit la frontière en juin 1982, trois mois avant l'assassinat, commandité par Damas, de Bachir Gemayel, qui avait succédé à son père à la tête des phalangistes et venait d'être élu à la présidence de la République. Dans la nuit du 17 au 18 septembre 1982, ses partisans massacrent près de 2 000 réfugiés palestiniens dans les camps de Sabra et de Chatila, à Beyrouth-Ouest, sous l'œil complaisant de l'armée israélienne dirigée par Ariel Sharon, alors ministre de la Défense.

Le récit de Jean-Michel Caradec'h, arrivé sur les lieux parmi les premiers quelques heures après la tuerie, témoigne de l'innommable.

La supplique

Le 18 janvier 1976, un groupe de phalangistes chrétiens rase le quartier palestinien de La Quarantaine, à Beyrouth, incendie les maisons et massacre entre 600 et 1 000 personnes. Cette vieille Palestinienne implore l'un des miliciens d'arrêter. Les réfugiés seront alignés contre un mur puis exécutés. Avec ce cliché, devenu l'une des images les plus marquantes de cette guerre, Françoise Demulder devient, en 1977, la première femme à remporter le prestigieux prix World Press.

Dans les camps de Sabra et de Chatila, chaque maison est une nécropole. La ville, un immense cimetière.

Jean-Michel Caradec'h
Paris Match, n° 1740, 1er octobre 1982

Il y a d'abord l'odeur lourde, massive, qui vous plie en deux, comme un coup de poing dans l'estomac. Lorsqu'on avance dans la rue centrale du camp palestinien de Sabra, à l'ouest de Beyrouth, on pénètre dans un temple de l'horreur. Des petites maisons de ciment, comme des cubes jetés en vrac, il ne reste après les bombardements que des vestiges rafistolés de tôles et d'épaves. Une ville passée au pilon, émiettée, où les familles palestiniennes se sont nichées, profitant d'un coin de mur, d'un bout de pièce épargné pour tenter de survivre depuis le départ des combattants.

Ils sont morts dans la nuit de vendredi à samedi, fauchés systématiquement, consciencieusement, à coups de fusil-mitrailleur, à coups de hache, à coups de couteau. Ici, une famille a été surprise dans un coin de chambre, couchée sur les matelas à même le sol. Un homme, deux femmes et un garçonnet, hachés par les balles, sont figés, stupéfaits comme ils l'étaient à l'entrée des tueurs. Un peu plus loin, huit hommes ont été fusillés contre un mur et laissés dans la position où ils sont tombés sous les rafales. À côté, dans une sorte de corral, trois chevaux gris, le corps percé de balles, dressent leurs jambes rigides vers le ciel. Les poules qui picoraient sous eux ont été déchiquetées au fusil d'assaut.

Au premier étage d'une bicoque à peu près intacte, j'ai vu les corps de deux enfants, gisant sur les matelas. L'un a eu la gorge et une jambe tranchées, l'autre a été tué par balles: ils n'ont pas plus de 10 ans. Sous une camionnette, deux hommes gisent, les mains entravées dans le dos. Ils ont la face et la poitrine en bouillie pour avoir été traînés par les pieds. Je ne vois que très peu de jeunes femmes. Ont-elles été emmenées ailleurs? Les survivantes courent à travers les ruines en hurlant, s'arrachent les cheveux et se tapent la tête contre les murs.

Les journalistes présents ne peuvent aller au bout de leur décompte: 80, 100, 150, plusieurs centaines... Dans les camps de Sabra et de Chatila, chaque maison est une nécropole. La ville est un immense cimetière. Qui? Pourquoi? À 200 m, se dressent les premiers barrages israéliens. Depuis trois jours, Tsahal contrôle Beyrouth-Ouest et encercle les camps. La tuerie s'est vraisemblablement étalée pendant toute une nuit et une demi-journée : la nuit de vendredi à samedi et la matinée de samedi.

Selon les témoignages de médecins européens de l'hôpital situé à côté du camp de Sabra, l'opération aurait démarré vers 18 heures. Les miliciens ont investi l'hôpital, séparé les Européens des autres pour les renvoyer vers les lignes israéliennes, à quelques centaines de mètres de là. Et le massacre a commencé. Ces témoins identifient les agresseurs comme des miliciens de l'armée du Liban-Sud du colonel Saad Haddad. Le gouvernement israélien, qui entraîne, paie et contrôle depuis des années les milices de Haddad, a officiellement démenti qu'elles aient été mêlées à ce massacre et désigne nommément les milices phalangistes de l'Est, du président assassiné Bachir Gemayel. C'est en contradiction avec plusieurs informations. D'abord le témoignage de rescapés palestiniens des camps de Sabra et de Chatila, qui ont tout de suite accusé les miliciens de Haddad. Les Palestiniens n'ont aucun intérêt à accuser plutôt les miliciens du Sud que les phalangistes de l'Est; il est impossible que plusieurs unités phalangistes aient entrepris de traverser la ville ou la ligne israélienne qui l'encercle pour investir les camps palestiniens situés à l'opposé de la zone chrétienne sans alerter l'armée israélienne.

Quelle est la responsabilité des Israéliens dans ce massacre? D'un point de vue moral, elle est entière, qui que ce soit qui ait accompli ce forfait. Plusieurs centaines de civils, dont des enfants, des bébés et des femmes, ont été sauvagement assassinés, alors qu'Israël était comptable de leur sécurité. Plus grave encore: plusieurs voix, à l'Est comme à l'Ouest, s'élèvent pour déclarer ouvertement que non seulement les Israéliens portent la responsabilité de ce massacre, mais qu'ils en ont été les complices.

Avec l'aide de Dieu
Sur le canon de son AK47, un milicien chrétien a fait reproduire cette Vierge à l'enfant. Ce 19 septembre 1983, alors que les Israéliens viennent de se retirer des montagnes du Chouf, les combats reprennent entre combattants chrétiens et druzes.

10 8 6 4 2 S
9 7 5 3 1

L'Oradour du peuple palestinien en exil

Les phalangistes n'ont laissé aucune chance à cette famille, assassinée chez elle, dans les camps de Sabra et de Chatila entre le 14 et le 17 septembre 1982. Les forces israéliennes, positionnées autour du camp, ont laissé faire.

L'épuisement
En juin 1982, Menahem Begin, Premier ministre d'Israel et Ariel Sharon, ministre de la Défense, lancent l'opération Paix en Galilée. *Ces soldats de Tsahal pénètrent dans Beyrouth-Ouest pour débusquer, dans les camps et immeubles en ruines, des membres de l'Organisation de libération de la Palestine, OLP.*

L'attentat contre la France

Ce parachutiste tient la main d'un de ses camarades enseveli sous les décombres du « Drakkar », pulvérisé par deux attaques suicides, le 23 octobre 1983, faisant cinquante-huit morts parmi les militaires français de la force multinationale de sécurité de l'ONU qui étaient hébergés dans ce bâtiment.

Militante chiite

En mars 1984, cette femme membre de la milice chiite Amal, « espoir » en français, pose pour Benoît Gysembergh. Les femmes jouaient un rôle de premier plan dans les structures éducatives de cette organisation à vocation également politique et sociale fondée en 1975 par l'imam Musa Sadr.

PROCHE-ORIENT ET MOYEN-ORIENT

IRAN-IRAK
UNE GÉNÉRATION NOYÉE DANS LE SANG

1980-1988

C'est une guerre fratricide. Qui jette les uns contre les autres des Perses et des Arabes. Souvent qualifiés d'ennemis héréditaires, ils sont, en réalité, des millions à se considérer d'abord comme des frères parce que chiites. Majoritaires en Irak, où les sunnites ne représentent alors que 20 % de la population, ils sont à la tête du pays en Iran, gouverné par l'ayatollah Khomeiny depuis février 1979. Le président irakien Saddam Hussein, à la tête d'un régime baasiste et laïque, craint que cette révolution islamique ne contamine son peuple. Le 22 septembre 1980, il envahit la région iranienne du Khouzistan, riche en hydrocarbures et peuplé d'Arabes. Le raïs pense que cette guerre sera l'affaire de quelques semaines. Et qu'elle se soldera par la chute des mollahs. Mais elle ne fera, au contraire, que les renforcer. Aux Irakiens, financés, notamment, par les pétromonarchies du Golfe, armés par l'Union soviétique et la France, et qui alignent des équipements militaires aussi nombreux que sophistiqués, les Iraniens, soumis à un embargo américain sur les armes, répondent par le nombre.

Presque un million d'hommes et d'enfants mourront sur les champs de bataille de ce conflit qui se fixe le long de la frontière entre les deux pays, où l'armée irakienne a bâti d'imposantes fortifications. Pour forcer le passage, en plus de ses soldats et des gardiens de la révolution, l'Iran peut compter sur les *bassidjis*, des « volontaires », parmi lesquels environ 150 000 enfants de moins de 16 ans. Dès 1982, la République islamique reconquiert les territoires qu'elle avait perdus mais refuse toute tentative de médiation. Entre offensives et contre-offensives, la guerre s'éternise, sans résultats significatifs. Les deux pays finiront par accepter le cessez-le-feu proposé par les Nations unies en juillet 1988.

Chair à canon

Le 30 mars 1980, Hassan Jangju, bassidji de 13 ans sur le front de Susangerd, au sud de l'Iran. Il sera tué en 1984 durant les combats au nord de Basra et son visage, immortalisé, par Alfred Yagobzadeh deviendra l'un des symboles de la résistance iranienne. Son corps sera retrouvé en 2017. Quelques heures après ses funérailles, sa mère décédera d'une crise cardiaque.

« On m'avait dit que les Irakiens se rendraient parce que nous avions la foi », explique Mohammed, prisonnier iranien de 13 ans.

Patrick Forestier
Paris Match, n° 1816, 16 mars 1984

Rachid a les yeux rougis par la fatigue. Depuis trois jours, il ne dort pas. La kalachnikov posée sur le remblai de terre, il scrute l'horizon avant la tombée de la nuit. Le casque lourd accentue encore davantage ses joues creuses, noircies par une barbe naissante. D'un geste de la main, il me fait signe d'approcher. À 800 m, les snipers iraniens tirent sur tout ce qui bouge. À travers une meurtrière aménagée entre deux sacs de sable, Rachid me montre une demi-douzaine de soldats iraniens enchevêtrés dans les barbelés, figés, désarticulées. Ils ont été abattus au lever du jour. Personne n'ira les enterrer ni même ramasser leurs armes. Ils pourrissent au soleil dans les sables du Khouzistan, à quelques mètres de la première ligne irakienne. Derrière eux, le terrain est plat comme la main. Avec leurs jambes et leurs bras tordus, les cadavres maculés de sang ne sont pas identifiables. Morts anonymes d'un conflit où les individus n'existent pas. L'odeur de putréfaction empoisonne l'air qui semble figé dans l'attente de la prochaine explosion.

Le conflit irako-iranien est devenu une implacable guerre de positions, un Verdun oriental où le sable remplace les coteaux humides des Ardennes. Ici point de boue ni de neige, mais de la poussière qui sèche la gorge et brûle les yeux. À coups de bulldozer, les Irakiens ont érigé une véritable muraille de Chine sur leur frontière. Rachid ne quitte jamais sa tranchée, il reste enterré vingt-quatre heures sur vingt-quatre en attendant la relève qui arrive tous les vingt-cinq jours. Chaque nuit des fusées éclairantes illuminent le glacis jonché de cadavres et d'épaves qui sépare les ennemis héréditaires, Perses et Arabes. « *Depuis le début de la guerre, Bagdad emploie toujours la même tactique*, explique un observateur occidental, *il laisse passer les Iraniens qui se font décimer en s'enfonçant derrière leur première ligne.* » Au nord-est de Bassora, l'armée irakienne a aménagé un labyrinthe, truffé d'abris souterrains, qui s'étend sur une quarantaine de kilomètres jusqu'au Chott-el-Arab, confluent du Tigre et de l'Euphrate. Jamais peut-être, depuis la Seconde Guerre mondiale, autant de matériel n'avait été rassemblé sur un même champ de bataille. Des centaines et des centaines de chars d'assaut, de fabrication soviétique, attendent leur heure, disséminés dans le désert. Malgré leurs échecs successifs, les Iraniens continuent à venir s'écraser sur les lignes irakiennes. Des milliers sont morts dans les marais d'Howiza. Leur but était de couper la route, véritable cordon ombilical, qui relie Bagdad à Bassora, le seul port irakien sur le golfe Persique. « *Jamais l'Iran n'a perdu autant d'hommes que dans cette bataille*, explique le général Maher Abd al-Rachid. *Formées de combattants fanatiques et inexpérimentés, ses forces manquent d'homogénéité. Les pasdarans sont des clochards encadrés par des non-professionnels. Parce que nous n'avons pas le choix, nous sommes obligés de hacher ces hommes qui sont envoyés à la mort comme des insectes.* »

Les corps d'enfants sont nombreux parmi les cadavres déchiquetés. À une dizaine de kilomètres de Bassora, un camp de transit parque les prisonniers de guerre. Mohamed Abid a 13 ans. Assis par terre, il fixe le sol. C'est à Téhéran qu'il s'est enrôlé dans les baasistes, ces déshérités qui fournissent leur contingent de chair à canon aux mollahs fanatiques. Après avoir appris pendant dix jours à tirer au fusil, il a été envoyé au front. Blessé au bras par un obus, il se retrouve aujourd'hui prisonnier sans avoir bien compris pourquoi. « *Les gardiens de la révolution ont dit : "Ceux qui veulent aller aux villes saintes de Nadjaf et de Karbala n'ont qu'à franchir les lignes irakiennes." Je croyais que c'était facile*, poursuit le gosse. *On m'avait dit que les Irakiens n'étaient pas nombreux et qu'ils se rendraient parce que nous avions la foi.* » Mohammed Kazemian, 14 ans, a aussi cru aux harangues des mollahs et s'est retrouvé engagé dans les *bassidjis*. « *J'ai reçu en quinze jours une formation d'infirmier*, dit-il. *Mais quand je suis arrivé au front, on m'a donné une kalachnikov pour monter à l'assaut.* » « *Sur le champ de bataille, j'ai vu un jour un gosse qui avait réussi à s'infiltrer dans nos lignes*, affirme un lieutenant irakien. *Il avançait tranquillement, sûr de son impunité, un lance-roquettes RPG7 négligemment posé sur l'épaule. Il souriait tout en marchant, comme s'il était drogué. "Eh ! Toi, où vas-tu ?"* lui ai-je lancé. *Il ne m'a pas répondu, a continué à sourire en avançant vers nous. L'un de mes hommes a tiré et j'ai moi-même creusé sa tombe.* »

Hagards
De jeunes combattants irakiens faits prisonniers en février 1984. L'Iran tente de les retourner contre leur pays. On estime alors le nombre de prisonniers à 50 000 en Iran et à 10 000 côté irakien.

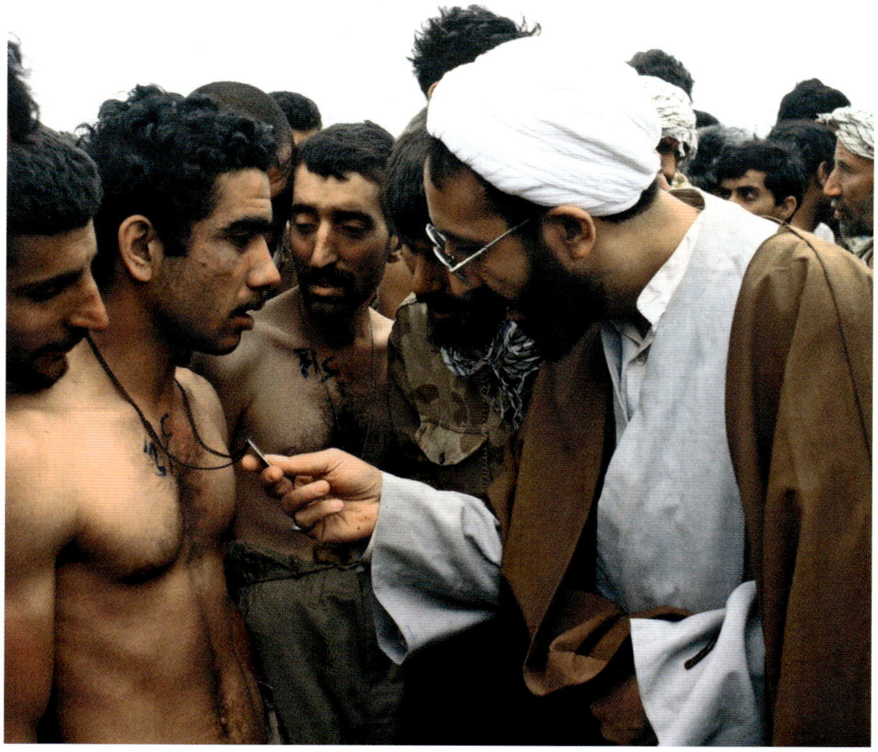

Un président à terre
Abol Hassan Banisadr, premier président de la république islamique d'Iran de février 1980 à juin 1981, se protège d'un bombardement irakien, à Ahwaz, dans la province du Khuzestan, située au sud-ouest du pays, à la frontière irakienne, au bord du golfe Persique.

Gages d'invincibilité
Les mollahs allaient à la rencontre des jeunes recrues auxquelles ils donnaient des pendentifs bénis censés les protéger des balles.

Morts pour rien
Les dépouilles de deux soldats iraniens qui avaient tenté de se protéger dans ces trous où ils ont été tués, en février 1984.

PREMIÈRE ET SECONDE INTIFADAS
LA GUERRE DES PIERRES
1987 et 2000

Après vingt ans de cohabitation sous tension, en décembre 1987, les territoires occupés s'enflamment. En Cisjordanie, à Gaza et à Jérusalem-Est, aux pavés qui volent répondent les armes. C'est la « révolution des pierres », un combat de harcèlement et d'embuscades mené par de jeunes Palestiniens qui ne connaissent d'Israël que le visage de l'occupant, soldats ou colons. Dans ces affrontements, les hommes de Tsahal tirent souvent sur les manifestants et les grévistes. Des milices d'autodéfense se créent, compliquant encore un peu plus la tâche des militaires. Mais malgré les morts, près de 1 200, les Palestiniens continuent leur combat. Leur soulèvement mobilise à l'international et aboutit, en septembre 1993, aux accords d'Oslo, signés par le Premier ministre israélien Itzhak Rabin et le chef de l'OLP, Yasser Arafat. Sans remettre en cause l'occupation, ils permettent la création d'une « autorité palestinienne intérimaire autonome ».

Mais, le 28 septembre 2000, la visite du leader de la droite israélienne Ariel Sharon sur l'esplanade des Mosquées, à Jérusalem, provoque un nouvel embrasement. Encore une fois, les Israéliens tirent sur une foule en colère, mais pas seulement... Missiles, roquettes, maisons rasées, la répression est massive. À Ramallah, le grand reporter de *Match* Jacques-Marie Bourget, qui avait déjà couvert la première Intifada, est grièvement blessé par un sniper de Tsahal. À la violence de la mitraille israélienne, les Palestiniens répliquent par des attaques suicides. Caroline Mangez, envoyée spéciale de *Match* à Rafah, a rencontré les victimes de l'opération *Arc-en-ciel et nuages* destinée à neutraliser les tunnels entre Gaza et l'Égypte. Les colonies s'étendent et un mur de séparation finit par être construit entre Israël et les territoires. C'est au pied de cette barrière, franchie par les terroristes du Hamas le 7 octobre 2023, que gisent les espoirs de dialogue et d'apaisement nés des accords d'Oslo.

David contre Goliath
En octobre 2000, ces adolescents palestiniens s'attaquent aux bunkers de Tsahal, situés près de la colonie juive de Goush Katif à Gaza. En haut à droite, un militaire israélien les met en joue.

Les militants palestiniens croyaient cette jeunesse résignée. En fait, elle attendait son moment.

Jacques-Marie Bourget

Paris Match, n° 2022, 26 février 1988

Chaque matin, Khader, jusque-là négligent, se lave avec le rituel d'un moine-soldat. À 12 ans, ce réfugié du ghetto palestinien de Naplouse refuse de mourir «le corps en état d'impureté», trahissant ainsi la dignité du Coran. L'enfant est en règle pour aller au ciel: *«Pour que vive la Palestine.»* Tous les gavroches ont leur lyrisme... Les ablutions de Khader terminées, la famille est prête pour un vendredi matin de prière. Dans sa piété du jour sacré, le gamin est accompagné de son père, Issam, et de ses cinq frères.

Sur une petite place, des jeunes hurlent: *«Dieu est grand.»* Au bout de la rue, énervés par le monôme, les soldats israéliens forment un barrage. Quelques cailloux volent. Les militaires tirent des grenades lacrymogènes, des balles en caoutchouc, puis le plomb de leurs munitions de guerre. Inertes, deux gosses ne se relèvent pas du pavé de calcaire blanc. Basil al-Jitan avait 14 ans et Bashar al-Masri, 17.

Ces Palestiniens, je les retrouve dans chaque camp, ville ou village de Cisjordanie ou de Gaza. Souvent, les jeunes se réunissent dans les cimetières, qui tiennent lieu de jardins publics et, parfois, de stades. Cyprès, oliviers, cultures en étages, le paysage est biblique et la colère sainte: chaque hameau est protégé par une mince barricade de silex. Le jeu consiste à provoquer le ralentissement des véhicules israéliens qui passent par ici pour les «caillasser».

Les militants palestiniens étaient convaincus d'avoir donné naissance à une génération perdue. Cette jeunesse née avec l'occupation israélienne leur paraissait résignée. En fait, elle attendait son moment. À Tulkarm, Samir, régisseur de la révolte locale et étudiant à l'université de Bir Zeit, fermée depuis des mois, théorise sa révolution: *«Ceux qui croient que l'amélioration de notre niveau de vie pouvait compenser les aspirations nationales n'ont rien compris aux leçons de l'histoire.»*

Depuis un mois, la vieille ville de Jérusalem est une cité morte. Les commerçants arabes, grecs, turcs et arméniens y ont baissé le rideau, «par solidarité avec ceux qui combattent "l'occupant"». Le dos appuyé à une sorte d'appentis de pierres, Georges prend un bain de soleil. Palestinien chrétien, il suit des cours dans un institut religieux français de Jérusalem et s'occupe d'une association pour la jeunesse. Il voyage dans l'ensemble des territoires occupés: *«600000 personnes vivent dans cet immense camp de concentration qu'est la bande de Gaza. Avec Calcutta, c'est la plus forte densité humaine au monde. Les habitants des territoires occupés, Gaza et Cisjordanie, peuvent se rendre en Israël pour y louer leurs services. Ils sont payés à la journée mais moitié moins que les Israéliens. Ils n'ont ni congés, ni assurance, ni syndicat. Les colons juifs venus s'installer sur nos territoires sont armés et jouissent de la protection des militaires. Depuis 1967, plus de 2000 de nos frères ont été déportés à l'étranger et des milliers sont en prison, avec ou sans jugement. Vous n'allez quand même pas vous étonner de notre révolte!»*

Comme de nombreux Juifs américains, défenseurs des droits de l'homme, Jack Geiger vient de faire un voyage d'étude en Israël. Président de la chaire de médecine générale au City University de New York, il a, dans les territoires occupés, examiné de nombreux blessés: *«Si c'était une guerre, je qualifierais une bonne partie de ce que j'ai vu ici d'"atrocités".»* Geiger représente l'indignation de la diaspora américaine. Il n'a pas mesuré la vieille haine et la peur qui séparent, ici, les deux communautés. Vendredi, à Salem, près de Naplouse, des militaires ont ligoté quatre jeunes, puis commencé à les ensevelir au bulldozer sous 30 cm de terre. Après quelques minutes, le conducteur de l'engin a refusé d'obéir aux ordres et les habitants ont pu sauver les enfants. L'armée a déjà emprisonné deux de ces militaires.

Mais elle aussi a le blues. Quinze pour cent des soldats sont contre ce qu'ils font. Une partie d'entre eux a refusé d'obéir. À Naplouse, un de ces «refuzniks» traîne la patte derrière la colonne. Il me dit: *«Quand je casse les os des autres, je me brise un peu moi-même. Même en cauchemar, je n'avais jamais imaginé que je puisse cogner sur une femme, un enfant. Pourtant, c'est ce que je suis en train de faire.»* ■

Frondeurs

Depuis la première Intifada, en 1987, la fronde est devenue l'arme privilégiée des manifestants palestiniens, comme ici, le 14 octobre 2015, près de la colonie juive de Bet El, en Cisjordanie. Ce jour-là, 7 Israéliens et 30 Palestiniens ont été blessés.

Les pleurs d'un gosse
En avril 1988, ce jeune garçon, arrêté par les soldats israéliens, est accusé de leur avoir jeté des pierres alors que leur convoi circulait entre Jérusalem et Ramallah.

La route de la haine
Le 10 juin 2012, dans le quartier arabe de Silwan, à Jérusalem-Est, David Beeri, un colon israélien responsable d'un groupe de défense des familles juives, fonce sur ces enfants palestiniens âgés d'environ 10 ans qui ont tenté de caillasser sa voiture.

« En 1967, j'avais 9 ans, c'était à peu près une guerre d'homme à homme, se souvient le docteur Ali. Là, c'était un jeu de massacre. »

Caroline Mangez,
Paris Match, n° 2871, 27 mai 2004

Une fente sous l'œil droit, minuscule meurtrière. C'est par là que s'est glissé le premier projectile. Et un trou, net, rond, d'environ un demi-centimètre de diamètre, juste sous sa petite oreille gauche. Ses cheveux bruns mi-longs couvrent l'autre joue, déchiquetée. Le verdict du Dr Ahmed Noukira, implacable, tombe: *« Deux balles, une seule et même sortie. Les cervicales ont été sectionnées tout de suite. Elle n'a pas souffert. »* Recroquevillée sur un brancard kaki, Rawan Abou Zeid, longue et fine, paraît plus que ses 3 ans. Ce sont des voisins qui ont amené son corps à l'hôpital central Mohamed-Youssouf-Najjar de Rafah. Ensuite ils ont prévenu Diab, son frère de 19 ans. Celui-ci n'a rien osé dire à son père, diabétique, de peur de le perdre lui aussi. Les médecins ont tout fait pour empêcher Diab de la voir une dernière fois. En vain. Il s'est débattu, jusqu'à y parvenir, de rage. Maintenant, il pleure et tourne de l'œil. Il faut le mettre sous oxygène. À son réveil, les souvenirs se précipitent: *« Elle était née comme moi dans le camp de Brazil. On était encerclés depuis lundi par les Israéliens, mais le calme était revenu. Rawan a demandé 1 shekel à notre oncle pour aller acheter des bonbons... Personne n'a eu le cœur de la tenir enfermée à la maison. »*

Depuis la veille, l'étau israélien semble un peu desserré. Les gens recommencent à sortir, certains errent comme des zombies dans les ruines de leurs maisons. Quelques gamins cherchent dans les tonnes de gravats des objets intacts à chaparder. Parfois une balle siffle: ils se plaquent au sol, contre les pans de mur restés debout ou bien ils s'enfuient. Les habitants, eux, ne bougent pas, résignés, fatalistes.

Si la famille pauvre de Rawan vient lui demander de signer le certificat donnant droit à des aides attestant qu'elle est une « martyre », c'est-à-dire victime officielle de l'offensive ennemie, le Dr Ahmed *« signera sans hésiter »*. Que les Israéliens démentent ce crime-là et crient à la manipulation, il s'en moque bien. Son confrère, le Dr Ehab, est du même avis. *« En une semaine,* explique-t-il, *plus de dix enfants tués sont passés entre nos mains. Et, sur les télévisions israéliennes, ils osent se vanter que leur opération* Arc-en-ciel et nuages, *comme ils disent, est un succès qui a permis d'abattre des dizaines de terroristes et de trouver un vague tunnel... » « Je me demande quel crime cette petite fille avait commis »*, dit un infirmier écœuré, en claquant la porte d'acier d'un des deux frigos.

Tiroir du milieu: Rawan est toute seule dans la baraque de tôle qui fait office de morgue. Faute de place, il a fallu demander à Manar Edir, 32 ans, horticulteur, d'ouvrir aux morts cette chambre froide où il stocke légumes et fleurs. *« Au début, j'ai cru que ce serait pour quelques heures, un ou deux corps. »* Résultat, il y en a seize. Sur certains sont posés les drapeaux des factions armées auxquelles ils appartenaient: Hamas, Djihad islamique, brigades des martyrs d'Al-Aqsa.

À l'hôpital central, ces derniers jours, les soignants n'ont dormi qu'une heure par-ci, par-là, sur un coin de table. L'endroit est étriqué. Deux étages pour les 14 000 habitants de Rafah, agglomération de camps de réfugiés qui n'ont que leurs noms pour faire rêver: Brazil, Canada, Tal al-Sultan... Une clinique propulsée hôpital, sans en avoir tous les moyens, au début de l'Intifada en septembre 2000. Mercredi dernier, c'est à la lance à eau que l'équipe de nettoyage ôtait le sang partout répandu. *« On a un peu de temps devant nous... Cette nuit, on n'a reçu que dix blessés »*, explique le Dr Ali Musa, directeur de l'hôpital. Dans son dos, un portrait du raïs Arafat, face à lui un autre de Cheikh Yassine et, en surplomb, légèrement décalée, une télé qui diffuse en boucle la chaîne Al-Jazeera. Étrange trinité. Voix cassée, regard brisé et cerné, le Dr Ali fume comme un pompier, incapable d'éteindre le feu de sa colère: *« On a vécu les pires heures que j'aie jamais connues quand leurs hélicoptères Apache ont tiré des missiles, près de la mosquée Bilal, sur les manifestants. En 1967, j'avais 9 ans, c'était à peu près une guerre d'homme à homme. Là, c'était un jeu de massacre. »*

Le Dr Ali Musa est certain que les Israéliens ne reconnaîtront jamais avoir tué la petite Rawan et qu'aucune expertise internationale ne viendra les démentir. *« C'est dommage »*, dit-il, fatigué de toutes les promesses. La page de son calendrier est ouverte à la date du 25 juillet. Il voit loin, mais ne croit plus en rien. Pour lui, les arcs-en-ciel ne sont qu'un effet d'optique: *« Pour les voir, il faut être du bon côté. »*

L'affrontement permanent
Un commandant de Tsahal encourage l'un de ses soldats qui tire des balles en caoutchouc pour venir à bout d'une manifestation dans la ville palestinienne d'Hebron, en Cisjordanie.

Le démantèlement

Le 18 août 2005, les soldats évacuent des extrémistes juifs qui refusent de quitter la synagogue de Neve Dekalim, à Goush Katif, la principale colonie de Gaza. Alors que la seconde Intifada a montré combien il était compliqué pour Israël de maintenir son contrôle militaire sur la bande de Gaza et d'y protéger les colons, en 2003, le Premier ministre Ariel Sharon, pourtant farouche partisan de la colonisation, met sur pied « un plan de désengagement ». Aujourd'hui, la colonisation a repris en Cisjordanie tandis que le chef du gouvernement, Benjamin Netanyahou, vient d'annoncer l'occupation totale de la bande de Gaza.

Un mur d'incompréhension

En décembre 2002, un immigrant israélien d'origine russe rebouche les premières fissures dans ce qu'Israël qualifie de « barrière de séparation », en réalité un mastodonte de béton de 8 m de haut et de plus de 700 km de long, toujours en cours d'édification et qui isole les territoires palestiniens de l'État hébreu.

GUERRE DU GOLFE
QUAND LE DÉSERT S'ENFLAMME
1991

Il est *« l'homme qui fait trembler le monde et défie la planète »*, écrit *Paris Match* à propos de Saddam Hussein alors que l'Irak vient de s'emparer du Koweït. Armé par les soviétiques comme par l'Occident, qui l'avait soutenu contre l'Iran de Khomeiny, le raïs se lance dans une politique de conquête. La riposte internationale est immédiate, l'agression, condamnée. Même les États-Unis et l'Union soviétique s'accordent, une première depuis la Seconde Guerre mondiale. Après avoir imposé des sanctions économiques, le Conseil de sécurité de l'ONU autorise le recours à la force. À Bagdad on fourbit les armes et les autorités transforment les ressortissants occidentaux en « boucliers humains » en les plaçant sur des sites susceptibles d'être bombardés. À cela s'ajoute la peur des armes chimiques, employées par Saddam Hussein contre les Kurdes et les Iraniens. Le 17 janvier 1991, une coalition de trente-cinq pays, menée par les États-Unis, lance l'opération *Tempête du désert*. Les troupes au sol débarquent un mois plus tard. En quatre jours, le Koweït est libéré.

Ce conflit, où les militaires du monde entier ont testé les dernières technologies, est aussi celui de l'information. Avec l'apparition des « pools », des groupes de journalistes triés sur le volet par les militaires et autorisés à suivre les opérations, l'armée mène sa guerre d'intox. Michel Peyrard à Koweït City, Patrick Forestier en Arabie saoudite et Jacques-Marie Bourget à Bagdad ont décrit dans *Match* ces entreprises de propagande organisées tant du côté irakien que français ou américain. En réaction, une vingtaine de reporters créent le collectif « Fuck the Pool ». Vêtus comme des soldats, ils déjouent les contrôles pour témoigner d'autre chose que de la vision de l'armée. Un risque insensé. Mais le prix à payer pour *« couvrir une guerre qui se voulait sans témoins, sans images »*, écrit Michel Peyrard.

À l'ombre de l'or noir
Le 28 février 1991, alors que le cessez-le-feu vient d'être déclaré unilatéralement par le président américain Georges Bush, les troupes de Saddam Hussein quittent le Koweït en incendiant au passage plus de 700 puits de pétrole.

Nous avons vu là où on nous souhaitait aveugles.

Michel Peyrard, à Koweït City

Paris Match, n° 2183, 28 mars 1991

Incrédules, nous avons parcouru Koweït City, la ville fantôme. Avec une équipe de Columbia Broadcasting System (CBS), nous étions les seuls « représentants » des forces alliées dans la capitale insurgée. « *Quand les vôtres débarqueront-ils?* » demandent avec insistance les chefs de la résistance. Ils sont sûrs qu'une opération amphibie sur les plages du Koweït est imminente. Ils l'ont entendu à la radio. Comment leur dire que les journalistes du pool ont été une fois de plus manipulés pour « *intoxiquer* » les Irakiens, comme le confirmera plus tard le général américain Schwarzkopf? Nous ne nous faisions aucune illusion.

Toute guerre est, par définition, une entreprise de manipulation. Le fameux « pool » institué par le Pentagone avait été conçu non pour informer mais pour servir de relais aux états-majors. Alors, nous avons choisi de contourner l'écueil de cette presse censurée, interdite de terrain, en nous travestissant en soldats de l'US Army. Ce détachement, fort d'une vingtaine d'envoyés spéciaux, pour la plupart français, nous l'avions surnommé entre nous les « FTP », francs-tireurs, bien sûr, mais aussi « Fuck the Pool ». Cela n'a pas été sans difficultés. Celle, notamment, qui mobilisa une bonne part d'énergie, pour échapper aux polices militaires de toutes nationalités. Mais, dans le sillage des forces spéciales américaines, nos 4 × 4, maquillés en véhicules de la coalition, nous ont menés à Koweït City.

Nous avons vu là où on nous souhaitait aveugles. Nous avons vu les exactions irakiennes avant qu'elles ne deviennent affabulations koweïtiennes: le premier jour, huit cadavres torturés à la morgue ; trois jours plus tard, les résistants improvisent, dans une bâtisse naguère occupée par les Irakiens, une fausse salle de supplices à l'intention des journalistes. Nous avons vu une coalition de trente-cinq pays écraser une armée de gueux, de déshérités, de vieux, de gosses, que l'on disait la quatrième du monde. Nous avons vu qu'une guerre n'est jamais propre. ■

Côté français, la censure existait bel et bien.

Patrick Forestier en Arabie saoudite

« *Photos, oui. Interview, non. Je préfère les reportages muets.* » Le colonel Coste, du Service d'informations et de relations publiques des armées (Sirpa), préférait les images au texte. Pendant un mois, impossible de rencontrer nos soldats. Secret défense oblige. Pourtant, une quinzaine de « pools » composés de journalistes américains vivaient déjà avec leurs troupes. « *Chez nous, il n'y a pas de censure, contrairement aux Américains* », disait-on au Sirpa. Sauf que la presse anglo-saxonne était libre de rendre compte du moral et de la vie quotidienne des Government Issue (GI).

Côté français, en fait, la censure existait bel et bien. À qui la faute? Les militaires de l'état-major renvoyaient cette décision aux politiques, et *vice versa*. Avec la venue de Pierre Joxe au ministère de la Défense, les choses semblaient s'arranger. Mais la veille de l'offensive, seuls furent emmenés dans les unités les journalistes officiers, sous-officiers de réserve et les anciens engagés. Selon le Sirpa, à Riyad, cette liste avait été établie par le cabinet de Pierre Joxe, si ce n'est par le ministre lui-même. Pour nos gouvernants, cette guerre se devait d'être propre, sans morts ni blessés, pour ne pas choquer une opinion publique toujours versatile. Côté français, le reportage que nous avons publié sur les tankistes américains blessés n'aurait pas été possible. On nous disait que le moral de nos soldats était excellent. Ce n'était pas faux. Mais nous aurions préféré que ce soient eux qui nous le disent. ■

Le ministère de l'Information irakien annonce : *« George Bush a demandé le cessez-le-feu. »*

Jacques-Marie Bourget à Bagdad

La censure en Irak a été instaurée le 18 janvier, vingt-quatre heures après le début de la guerre. La règle était alors de lire son article à un fonctionnaire du ministère de l'Information, le dicter au téléphone se faisant ensuite sous surveillance. Jusqu'à la dernière semaine de février, cette censure s'exerçait d'une façon classique. C'est-à-dire que nous n'avions pas le droit de désigner des lieux, de citer des faits pouvant être utilisés par l'armée adverse.

À cette époque, nous pouvions voyager dans l'ensemble du pays d'une manière totalement libre. Quand l'abri 25 du quartier d'Amriya de Bagdad a été touché par deux bombes américaines, provoquant la mort de près de 500 personnes, nous avons pu travailler pendant trois jours hors censure.

C'est à partir de l'offensive terrestre, puis de la débâcle qui a suivi, que le travail de journaliste est devenu très difficile. Il était exclu de rapporter, par exemple, les critiques exprimées par le peuple contre Saddam Hussein.

C'est là que des fonctionnaires du ministère de l'Information ont tenté de nous faire croire l'énorme mensonge suivant: « *L'armée irakienne a encerclé et coupé en trois les unités des forces alliées qui ont pénétré dans le sud du pays. Et c'est pour cette raison que George Bush a demandé le cessez-le-feu.* » ■

Le cimetière d'une armée en déroute
Le 26 février 1991, sur la route reliant Koweït City à la ville du sud de l'Irak, Bassora, l'aviation alliée a bombardé ce convoi de véhicules hétéroclites, transportant des soldats irakiens mais également de nombreux civils, dont des otages koweïtiens.

IRAK
LA GUERRE DU MENSONGE

2003-2011

« La première victime d'une guerre, rappelait Winston Churchill, *c'est la vérité.* » Il y a un peu plus de vingt ans, le 20 mars 2003, l'Amérique de George W. Bush, affirmant, à tort, détenir la preuve de la présence d'armes chimiques en Irak, envahissait le pays sans l'aval du Conseil de sécurité des Nations unies. Avec cette opération baptisée *Liberté pour l'Irak*, les Américains pensaient mener une guerre éclair, mais ce ne sera pas le cas. La conquête, sur le terrain comme dans les esprits, se révèle plus difficile que prévu.

Alors qu'on parle de « frappes chirurgicales », on a du sang et des larmes : les images des premiers morts, militaires comme civils, bouleversent le monde. Les photos des prisonniers irakiens torturés dans la prison d'Abou Ghraib choquent les opinions publiques et provoquent la fureur des peuples arabes. Dans la nuit du 13 au 14 décembre 2006, Saddam Hussein est arrêté. Il sera pendu quinze jours plus tard. Mais ce n'est pas la fin de l'occupation. Le conflit s'enlise, le pays plonge dans l'insurrection et la guerre civile déchire les sunnites et les chiites.

Caroline Mangez et Alvaro Canovas étaient avec le 41e bataillon d'infanterie américain dans son avancée vers Bagdad. Michel Peyrard et Frédéric Lafargue, eux, ont couvert la bataille de Falloujah où la résistance irakienne rappela aux GI le bourbier vietnamien. Quand les États-Unis se retirent, en 2011, ils laissent derrière eux un chaos d'où émergera une nouvelle menace : l'État islamique (EI).

La porte d'entrée de Bagdad
Le 07 avril 2003, au 19e jour de la guerre, les marines du 3e bataillon prennent le contrôle d'un pont situé au sud-est de la capitale.

Harvey, l'enfant des faubourgs de L.A., fulmine : *« Je me demande ce qu'on vient foutre ici. »*

Caroline Mangez

Paris Match, n° 2810, 27 mars 2003

À côté de son Humvee, version moderne de la jeep, le sergent-major Charles Griffin, du haut de son mètre soixante-cinq, lève la tête vers son supérieur: *« Sir, on est là pour libérer les Irakiens. »* Major Ringler: *« Les libérer, tu rêves... Moi, tout ce que je veux, c'est qu'on aille à Bagdad finir le boulot. » Chief*, sous-officier en charge des mécanos, annonce fièrement que la 3e division d'infanterie ne serait plus qu'à 5 km de Bagdad... Il y croit dur comme fer tandis que les radios du monde entier, auxquelles lui et ses frères d'armes n'ont pas accès, expliquent que, compte tenu de fortes poches de résistance, l'armée américaine a renoncé à prendre Bassora, ville pourtant considérée comme « facile ».

Avant leur départ, Griffin s'inquiète aussi discrètement que possible de savoir si les 40 *« sacs à viande »* ou *body bags* – ces linceuls en plastique –, au lieu des 200 demandés, seraient suffisants. Il se prépare à un combat *« franc, frontal et immédiat »*. La colonne d'environ 200 véhicules se forme. La voie qui mène à l'Irak est encombrée comme le périphérique aux heures de pointe.

Dans la poussière soulevée par les blindés, on voit à peine à un mètre. Soudain surgit le dernier panneau de la zone démilitarisée abandonnée par l'ONU aux premières heures de l'invasion: *« Souvenir »*, ricane le sergent-major Griffin. Pendant ce temps, les B-52 partis de Londres volent en direction de Bagdad pour y déverser leur pluie de Tomahawk. Harvey, l'enfant des gangs des faubourgs de L.A., fulmine en son for intérieur: *« Fait chier... Qu'on bombarde l'Afghanistan pour déloger Ben Laden après le 11 Septembre, je comprends. Mais je me demande vraiment ce qu'on vient foutre ici. »*

Le colonel Geczy, lui, attend des ordres. Il arrive qu'ils tardent à venir. La 1st-41st avance vers sa mission: relever les forces qui ont pris le contrôle d'une base aérienne sur la rive ouest de l'Euphrate. Il maintient ses conseils aux officiers: *« On ne sait pas où est l'ennemi, ce qu'il sait de nous, s'il nous observe ou pas. On a de l'expérience, mais ça n'y change rien. »*

Tension permanente
Le 26 mars 2003, alors que les troupes américaines progressent vers les grandes villes du pays, ces soldats, sur le qui-vive, mettent en joue un civil irakien.

« Conquérir les esprits et les cœurs »
Tel était le credo des soldats britanniques qui, contrairement aux Américains, patrouillaient à pied, sans casque... L'image de ce tankiste en feu, s'extirpant de son blindé sur lequel la foule a jeté des bombes incendiaires, dans le sud du pays, près de Bassora en septembre 2005, va changer la donne.

L'Irak voit rouge
Le 26 mars 2003, dans le nord de Bagdad, un bombardement tue quatorze personnes et met le feu aux réservoirs d'une vingtaine de voitures alors qu'une tempête de sable rend l'air opaque.

À 14 ans, Saad a traversé l'Euphrate à la nage pour rejoindre les moudjahidin.

Michel Peyrard

Paris Match, n° 2866, 22 avril 2004

Falloujah, lundi 19 avril. Quinzième jour du siège. L'encerclement par les marines de la ville insurgée n'omet plus le moindre chemin de terre, le plus petit sentier courant à travers les champs de blé. Blocus total. Au complexe sportif, hier, des volontaires improvisés fossoyeurs ont creusé de nouvelles tombes à la pioche. «*Saddam nous tuait. Bush nous enterre vivants*», s'emporte un vieillard qui n'a pas 60 ans. De nombreuses stèles portent la mention «Inconnu». Avant l'inhumation, les bénévoles photographient les cadavres déchiquetés par les bombes larguées par les F-16 ou en partie dévorés par les chiens, avec l'espoir de les identifier plus tard. Des dizaines de tombes minuscules sont celles de jeunes enfants. Parfois, il s'agit de membres d'une même famille que l'on a réunis dans une seule sépulture: ainsi Wafa et Zara, des jumelles de 3 ans, ou encore ces trois frères de 4, 6 et 7 ans.

Débutée le 5 avril, après la mort de quatre agents de sécurité américains dont les corps carbonisés ont été exhibés en ville avant d'être suspendus à un pont, l'incursion s'est heurtée d'emblée à une forte résistance. Arrêtés dans les faubourgs, les marines ont opté pour une guerre de position, qui fait la part belle à l'aviation et aux snipers. Pour mettre au supplice les moudjahidin, «l'unité des opérations psychologiques» des marines diffuse, la nuit, *via* des haut-parleurs, une bouillie sonore, qui va du hard-rock à Jimi Hendrix, en passant par toute une gamme de miaulements, d'aboiements et de cris d'enfants. Cette étrange mixture ne s'arrête que pour permettre à l'interprète arabe des marines d'injurier les combattants, traités de «gardiens de chèvres» ou de «rats».

Persuadée d'écrire une page historique de l'Irak, comme jadis contre les Ottomans et le colonisateur britannique, Falloujah veille à entretenir sa légende guerrière, sans laquelle il n'est pas de batailles mémorables. Une rue a été rebaptisée au nom du vieux Mohamed Souit qui, cerné dans sa maison, «*a résisté plusieurs heures à l'ennemi et tué six Américains avant de succomber sous le tir d'un missile*», affirme-t-on. Les moudjahidin eux-mêmes se sont découvert une mascotte. Du haut de ses 14 ans, Saad, kalachnikov en bandoulière et minois de gavroche, a traversé l'Euphrate à la nage pour les rejoindre, après que son quartier est tombé sous contrôle ennemi. Avec déjà une centaine de tués depuis le début de l'insurrection d'avril, l'armée américaine compte ici pratiquement autant de pertes que durant les trois semaines de guerre contre les forces de Saddam Hussein.

La bataille de Falloujah

Les marines de l'opération Phantom Fury *progressent mètre après mètre, après que la ville a été pilonnée par l'aviation. Ici, le 9 novembre 2004, au deuxième jour de l'assaut, des hommes de la compagnie Kilo, qui appartient au 3ᵉ régiment de la 1ʳᵉ division des marines, plastiquent un mur qui donne accès à la cour de la mosquée Al-Kabir, tenue par des insurgés.*

La mort en direct
Le 15 novembre 2004, à Falloujah, deux marines transportent, comme ils le peuvent, le corps de leur camarade tué. Les rues sont désertes : la moitié des 300 000 habitants ont quitté la ville et ceux qui sont restés se terrent. Pendant la première semaine de combats, 38 soldats américains sont morts et 275 ont été blessés.

Neutralisés
Arrêtés par centaines, les combattants sunnites sont immobilisés par des colliers de serrage en plastique puis chargés sur des camions pour une destination inconnue. Plus de 500 d'entre eux ont été faits prisonniers.

Cœur brisé

Ce soldat américain a été tué le samedi 13 novembre 2004 par les insurgés alors qu'il entrait dans cette pièce de vie, une cuisine, quelque part dans une maison de Falloujah utilisée comme base par les combattants.

STA 1400

L'hommage

Le 26 août 2005, à Reno, dans le Nevada, lorsque l'avion qui transporte le corps du sous-lieutenant James Cathey se pose, des marines montent dans la soute pour déposer un drapeau sur son cercueil.
Les passagers, eux, regardent la famille se rassembler sur le tarmac.

SYRIE
LE DÉSESPOIR D'UN PEUPLE

2011-2024

En mars 2011, à Deraa, dans le sud du pays, le calvaire subi par deux gamins torturés pour des graffitis hostiles à Bachar el-Assad provoque les premiers rassemblements. Réprimés dans le sang. Le président syrien, chef du parti Baas et héritier d'une dynastie arrivée au pouvoir en 1970, entre alors en guerre contre son peuple. Le pays se fractionne, l'opposition se divise et la révolution est vite remplacée par un conflit opposant loyalistes, combattants inexpérimentés de l'Armée syrienne libre, miliciens kurdes et groupes djihadistes, parmi lesquels le front Al-Nosra, qui a fait allégeance à Al-Qaïda, Hayat Tahrir al-Sham et Daech. À Alep, auparavant réputée pour sa douceur de vivre, Alfred de Montesquiou et Alvaro Canovas ont découvert ces adolescents qui ont sacrifié leur jeunesse à la guerre, enrôlés dans des katibas où on leur apprend qu'il faut mourir « en martyr ».

Jusqu'à la fuite du despote, en décembre 2024, la dictature corrompue de Bachar el-Assad poursuit son œuvre, torture, tue et s'enfonce dans cette guerre sans issue qui fera plus de 520 000 victimes. La répression s'abat aussi sur les journalistes. Syriens comme étrangers, ils paieront le prix fort dans cette poudrière où la plupart des forces en présence leur sont hostiles. Rémi Ochlik, Marie Colvin, Gilles Jacquier sont tués à Homs, Olivier Voisin près d'Idlib, Yves Debay à Alep, James Foley et Steven Sotloff exécutés devant les caméras des djihadistes de l'Etat islamique, qui ont retenu en otages pendant dix mois Didier François, Édouard Elias, Nicolas Hénin et Pierre Torrès.

La nomination d'un gouvernement transitoire, dirigé par Hayat Tahrir al-Sham, si elle a permis de stabiliser la situation, n'empêche pas les règlements de comptes et les luttes de pouvoir, qui, sur le terrain, continuent de tuer.

Yarmouk à l'agonie

Le 31 janvier 2014, dans le camp de Yarmouk, des milliers de personnes se pressent vers un point de distribution alimentaire mis en place par un organisme des Nations unies. Depuis le mois de mai 2013, ce camp, situé au sud de Damas et où vivaient plus de 160 000 réfugiés palestiniens ainsi que de nombreux Syriens, a été transformé en ghetto assiégé par le régime qui affame ses habitants.

FIRE

Ahmed est trop jeune pour se battre, alors, à la tombée du jour, il se glisse derrière les lignes ennemies.

Alfred de Montesquiou

Paris Match, n° 337, 2 mai 2013

La stridulation de l'obus s'entend trop tard: avant qu'on puisse se mettre à l'abri, il explose à une quinzaine de mètres, arrachant un morceau d'immeuble du quartier dévasté de Salaheddine. Mohamed Rabi n'a même pas sursauté. Des obus, il en a tant vu éclater sur les premières lignes qu'il ne prend plus la peine de se mettre à couvert. Les débris retombent avec un bruit de pluie tropicale sur un toit de tôle ondulée.

Haut comme trois pommes, Mohamed a un visage marqué par l'acné et une voix fluette; son treillis militaire et sa lourde kalachnikov lui dessinent une silhouette incongrue. Il affirme avoir 17 ans et combat depuis deux années déjà. Sa katiba tient une des zones les plus chaudes d'Alep. Après trois heures de garde, Mohamed a pu prendre un peu de repos sur un vieux matelas, dans la boutique aux murs calcinés qui sert de guitoune à son groupe. Puis les fusillades ont repris. Alep est coupée en deux depuis le mois d'août. On s'affronte d'un immeuble à l'autre.

Mohamed a la gouaille des gavroches exaltés d'une guerre civile en passe d'avaler toute une génération d'enfants syriens. Il parle assez bien l'anglais. Son père, qui tient une boulangerie au Liban, lui a payé une bonne école. Dès 2011, l'adolescent a voulu retourner dans son pays natal pour aider la révolution. Il se souvient très bien du premier homme qu'il a abattu. Un sniper du régime, il y a quatre mois. *«Il a tué mon ami Abdallah, dans le dos... Je me suis retourné pour lâcher une rafale. J'ai pas aperçu son visage, mais j'ai vu son corps s'effondrer.»*

Les tireurs embusqués sont la hantise des insurgés. Un monceau d'ordures et de débris leur sert de barricade. La rue empeste, les immeubles sont éventrés, de grandes flaques stagnent sur le macadam criblé d'éclats. Mais Moustafa, 16 ans, est fier du tas de ruines dont il a la garde. Il a rebaptisé la ligne de front, recouvrant la plaque officielle d'un graffiti portant son nom: «rue du Martyr-Moustafa-Sfira». *«Je ne suis pas encore mort, donc je ne suis pas encore martyr. Mais je prépare l'emplacement pour plus tard...»*, déclare-t-il, dans la droite ligne du dogme djihadiste révolutionnaire qu'embrassent beaucoup de rebelles, persuadés que la foi est leur seul soutien quand le reste du monde les abandonne. Mohamed le laisse dire puis poursuit, en anglais: *«En fait, on ne veut pas mourir. On n'a pas peur de la mort, mais bien sûr qu'on préfère vivre.»*

Une centaine de mètres plus loin, une autre section tient un coin de rue. Tous sont très jeunes, on croirait presque qu'ils jouent à la guerre. Certains disputent d'ailleurs un match de basket dans une ruelle, à l'abri des tirs. Mais Ahmed n'y joue pas. Un missile a frappé sa maison il y a deux mois, tuant son père, sa mère et son petit frère. Il ne lui reste qu'un frère aîné, atteint de troubles mentaux, qu'une autre brigade héberge par charité. Ahmed a décidé de se venger. Les rebelles le jugent trop jeune pour se battre, alors, à la tombée du jour, il se glisse parmi les ruines pour passer derrière les lignes ennemies. *«J'espionne leurs positions, je note l'emplacement des chars, le nombre d'hommes»*, explique-t-il. Il n'a qu'un petit pistolet caché dans sa ceinture, mais espère obtenir une kalachnikov dès qu'il aura fait ses preuves. *«Il lui faut encore quelques mois pour comprendre les combats,* affirme Sayyad, son chef de 22 ans. *Après, on a promis de lui en donner une...»*

Ils sont des centaines, des milliers peut-être, comme Ahmed, à attendre leur heure dans les décombres d'Alep. Malgré la guerre, la vie a repris dans la grande ville du nord de la Syrie. Muni d'un filet rafistolé, Nadim Zamour, 13 ans, pêche des alevins sous un pont, dans une petite rivière traversant le centre-ville. L'eau empeste l'égout. Pas grand monde n'ose s'aventurer par là. Une base de la police secrète de Bachar el-Assad est juste en amont et les sbires du régime ont pris pour habitude d'abandonner les corps de leurs prisonniers au fil du courant. Ces dernières semaines, on a repêché plus de 270 cadavres d'hommes et d'enfants, les mains liées derrière le dos, exécutés, souvent torturés.

Depuis l'entrée des rebelles dans Alep, en juillet 2012, Mohamed compte parmi ceux qui veulent soutenir la révolution sans prendre les armes. Du haut de ses 14 ans, il est devenu infirmier dans le grand hôpital Dar al-Shifa. Vêtu d'une blouse trop grande, il a appris à changer les pansements, à faire une perfusion ou, tout simplement, à tenir la main d'un blessé agonisant. *«La première fois qu'un de mes patients est mort, j'ai pleuré,* avoue l'adolescent. *Puis je me suis dit: "Si tu veux vraiment aider, faut pas être une mauviette." Ensuite, je n'ai plus jamais pleuré.»*

Le gavroche syrien

À Alep, le 24 avril 2013, Mohamed Rabi, 17 ans, qui porte les armes depuis deux ans, affirme avoir tué cinq militaires du régime de Bachar el-Assad.

La foudre du régime
Le 25 octobre 2015, dans le quartier de Jobar, à l'est de Damas, une enclave tenue par les islamistes d'Al-Nosra depuis février 2013, un missile sol-sol tiré par l'armée syrienne va s'écraser sur des immeubles déjà en ruines mais, des deux côtés, on se bat pour regagner quelques dizaines de mètres. Seuls 200 m séparent alors les islamistes des soldats du régime.

Le prix du sang
À Alep, le 21 août 2012, dans le hall de l'unique hôpital de la ville, Dar al-Shifa, des victimes s'entassent à même le sol, en attendant les premiers secours. « Le chaos est total, l'incompréhension domine », témoigne Édouard Elias, le jeune photographe de 21 ans. C'est son premier reportage de guerre. Il sera enlevé moins d'un an plus tard et restera otage de Daech durant dix mois.

13 NOVEMBRE 2015, LA FRANCE DÉCOUVRE DAESH

Il fait doux à Paris, ce 13 novembre 2015 au soir, quand les terroristes de l'État islamique se dispersent dans Paris. Le carnage commence par une attaque suicide au stade de France, pendant le match de football France-Allemagne. Puis continue sur les terrasses des 10e et 11e arrondissements, tandis qu'au Bataclan la tragédie se déroule à huis clos. Ce massacre fera 131 morts et plus de 400 blessés. Déjà marquée par les attaques contre *Charlie Hebdo* et l'*Hyper Cacher* dix mois plus tôt, la France bascule à nouveau dans l'horreur.

PROCHE-ORIENT ET MOYEN-ORIENT

IRAK, SYRIE
LA GUERRE CONTRE LE CALIFAT DE LA BARBARIE

2014-2019

Le 29 juin 2014, depuis Mossoul, Abou Bakr al-Baghdadi proclame la naissance du « califat ». La deuxième ville d'Irak, bastion sunnite, est tombée sans heurts. Dans la foulée, il ne faudra que quelques semaines à l'État islamique autoproclamé pour abolir les frontières avec la Syrie et étendre son territoire jusqu'à Raqqa et Palmyre. Exécutions publiques, tortures, enfants-soldats, viols, attentats, leurs méthodes distillent la terreur. Au nord de l'Irak, dans les monts Sinjar, les Yézidis, minorité non musulmane, sont victimes de génocide. Les hommes exterminés, les femmes vendues et violées. Avec le photographe Alfred Yaghobzadeh, nous avons recueilli le témoignage de celles qui, *via* des réseaux de passeurs, ont pu s'échapper. Mais 2 600 d'entre elles sont toujours portées disparues.

Une coalition menée par l'Europe et les États-Unis fournit un appui logistique et aérien aux soldats irakiens comme aux combattants kurdes qui se battent au sol. Avec Frédéric Lafargue puis Laurence Geai, j'ai suivi presque chaque étape de cette guerre dont le point culminant sera la libération de la vieille ville de Mossoul, en juillet 2017. Trois semaines plus tôt, dans cette bataille meurtrière, nos confrères Stéphan Villeneuve et Véronique Robert, qui fit équipe avec Alvaro Canovas pour *Match*, ainsi que leur fixeur, Bakhtiyar Haddad, avaient été tués par un engin explosif.

Le « califat » finira par tomber à Baghouz, dans l'est de la Syrie, au mois de mars 2019. Mais dans les camps et prisons du Kurdistan s'entassent des milliers de partisans de Daech qui n'ont pas renoncé à voir la charia triompher.

L'heure des comptes

En octobre 2017, alors que Mossoul et Raqqa ne sont plus aux mains des fous de Dieu, des Peshmergas kurdes ont capturé des combattants de Daech après avoir repris les bases militaires et puits de pétrole situés à Kirkouk, au nord de l'Irak.

DODGE
4x4

Plongée dans l'horreur absolue

Toutes ces images ont été diffusées par Amaq, l'agence de propagande de l'État islamique.

En Syrie, non loin de Raqqa, un bataillon francophone de Daech s'apprête à aller enterrer ces cadavres de civils. Ils les ont attachés au pick-up et vont les traîner jusqu'à la fosse commune. On estime à 30 000 le nombre de djihadistes étrangers ayant rejoint l'Irak et la Syrie à cette période.

Maaz al-Kassasbeth, jeune pilote jordanien de 26 ans de la Royal Air Force jordanienne, est brûlé vif par les membres de Daech qui l'avaient fait prisonnier le 24 décembre 2014, après le crash de son avion lors d'un raid aérien. Cette vidéo sera diffusée en février 2015.

Cette combattante kurde, capturée par Daech quelques jours plus tôt, a été décapitée.

Chaque nuit, Yassémine entend les hurlements de celles qui sont traînées de force dans la salle de bains.

Flore Olive

Paris Match, n° 3419, 27 novembre 2014

Elle n'oubliera jamais comment elle a été séparée de son mari. Bushra, 22 ans, et sa belle-sœur d'un côté, les hommes de l'autre. «*Triés*» au milieu de la nuit à un check-point, un carrefour stratégique qui mène à Mossoul, le fief des «*hommes sans âme*». «*Plus loin,* dit-elle, *le conducteur s'est arrêté et il a dit: "Nous avons des femmes pour vous."*» Par la fenêtre d'une des geôles de l'école de Bahadj transformée en prison, Bushra voit des garçons rassemblés dans une cage à ciel ouvert, au milieu de la cour de récréation. Vingt hommes pris au piège, comme dans un chenil. Affamés, brûlés par le soleil, hébétés.

Les Yézidis sont un de ces peuples à l'histoire lourde de persécutions et de massacres. Güle, 27 ans, a la voix aussi éteinte que le regard. Güle a été emmenée en Syrie. Pendant huit jours, elle est détenue à Hull, dans l'école du village. S'y agglutinent près de 400 personnes lorsque commence la sélection: hommes et femmes sont séparés, leurs noms répertoriés, les garçons de 7 à 15 ans isolés de leurs aînés. Les femmes accompagnées de leurs enfants de moins de 7 ans, enfermées dans une classe; les «*jeunes filles*», parmi lesquelles des fillettes de 8 ou 10 ans, et celles qui ne peuvent prouver leur union, dans une autre. Pour «*ne pas être choisie*», Bushra se couvre le visage de suie et de poussière. Güle, elle, n'échappe pas au supplice. Violée d'abord en Syrie, puis à Badush, la prison de Mossoul.

Dans le camp de Khanke, elles sont des centaines, comme Bushra et Güle, pour qui la vie a basculé en quelques heures, ce dimanche 3 août 2014. Certaines ont laissé derrière elles une assiette encore fumante, sur la table dressée pour le dîner. Avec leurs familles, en voiture ou à pied, ils ont fui. La grande ville de Sinjar et les villages alentour, au cœur de ces vallées protectrices, se sont vidés d'un coup de leurs habitants, de simples paysans. C'est sur la route de l'exode que la plupart ont été faits prisonniers.

Ce jour-là, Fryal, 18 ans, a été blessée à l'épaule. Tout juste rescapée, elle vient à peine de retrouver sa famille. Le 3 août, Fryal tentait de fuir au bras de son jeune époux, Hamad. Il est tué d'une balle dans la tête. Elle se réveille à l'hôpital de Bahadj, où elle partage sa chambre avec six autres femmes. Dans ce lieu de soins, elles vont vivre le martyre. «*La plupart des médecins sont des sympathisants de Daech,* décrit-elle. *Il y avait des Saoudiens, des Turcs, des Yéménites, des Qataris. Nous ne parlons pas la même langue, je ne les comprenais pas.*» Les femmes les moins esquintées sont violées sur leurs lits de souffrance. Fryal est blessée près du sein. «*Ça les dégoûtait*», dit-elle. Des infirmières, dont elle pouvait espérer un peu de réconfort, elle n'a relevé que le sadisme: «*Elles appuyaient sur les plaies en se moquant de moi, remuaient les drains, les perfusions…*» À la sortie de l'hôpital, Fryal est enfermée pendant deux mois dans une maison de Kotcho. Prise en photo par ses bourreaux. «*Jour après jour, le nombre de filles diminuait,* explique-t-elle. *Achetées pour partir dans les Émirats. La plus jeune avait 8 ans.*»

Pour les vainqueurs, les femmes restent un butin dont on abuse en invoquant la légitimité du Coran. Peu d'entre elles acceptent de raconter ce qu'elles considèrent comme une honte absolue. Elles savent qu'ici l'honneur des hommes passe par le corps des femmes. Yassémine, 22 ans, a été enfermée à Mossoul et convertie de force par un tribunal islamique. Dans la maison où elle est retenue prisonnière, chaque nuit, elle entend les hurlements de celles qui sont traînées de force dans la salle de bains, au bout du couloir. «*Tous ces hommes ont violé des femmes,* dit-elle. *Tout le temps et tous les jours.*» Yassémine fait partie d'un groupe surveillé par deux hommes, un Syrien, Abou Moussa, et un Irakien, Abou Khufran, le «commandant», tous les deux âgés d'environ 25 ans. Parfois un vieil homme, un certain «cheikh Mallah», entre dans une des pièces bondées et pointe directement son long bâton de bois sur le visage de celles qu'il a choisies. Yassémine a assisté à la vente de son amie Nasserine, 20 ans: «*Quatre hommes ont débarqué pour le compte d'un Syrien. Elle a été vendue pour 800 dollars. Abou Moussa en a touché 100, "le commandant" a perçu le reste.*»

Presque toutes ont envisagé la mort comme échappatoire. Dans la maison où elle est enfermée à sa sortie de l'hôpital, Fryal se lie d'amitié avec la petite Haïfa, 13 ans, une enfant qui réveille son instinct protecteur. Mais Haïfa est «choisie». Après le viol, elle utilisera un carreau de faïence ébréché pour se couper les veines. ■

Yézidies, les femmes esclaves de Daech

Elle ne veut pas dire son nom. Elle a 27 ans, elle est mariée. Au Kurdistan irakien, « les prises de guerre » yézidies de l'État islamique sont martyrisées et ensuite vendues comme esclaves. Violée dans sa prison de Hull, en Syrie, puis dans celle de Mossoul, en Irak, elle est parvenue à rejoindre Zakho, la dernière ville avant la frontière turque, le 10 novembre 2014.

Les valeureuses

Le 13 mai 2015, ces combattantes kurdes syriennes et yézidies, membres des unités de protection du peuple (YPG), se battent sur le front de la ville de Sinjar, en Irak, toujours occupée aux deux-tiers par Daech. Pour la plupart issues de la paysannerie, ces jeunes femmes ne sortaient pas de chez elles. Après deux mois d'entraînement intensif, elles sont maintenant en première ligne.

Les soldats se baignent sans que ne les dérangent les corps de six hommes jetés depuis les hauteurs du Tigre avant d'être criblés de balles.

Flore Olive

Paris Match, n° 3556, 13 juillet 2017

Elle crie et s'avance, seule. Lève les mains puis tend le tissu de sa djellaba sur son corps maigre pour montrer qu'elle ne porte pas de ceinture d'explosifs. Pieds nus sur les gravats tranchants, elle se tourne vers les ombres tapies derrière un mur, dans son dos. Une à une, des dizaines de personnes aux corps décharnés, aux visages émaciés et aux regards vides émergent de ce champ de ruines. Les hommes de la 2e division des Forces antiterroristes irakiennes tiennent le groupe à distance, ils ne font confiance à personne. Ces derniers temps, trop de frères d'armes se sont fait tuer par des femmes qui transportaient des bombes sous leur abaya. À Mossoul, si la guerre est sur le point de se terminer, l'ère du soupçon ne fait que commencer.

«*Ces dernières semaines ont été terribles,* raconte Amar, 49 ans, ancien kinésithérapeute. *Nous mélangions de la farine à de l'eau croupie. Beaucoup de gens sont morts de faim, dans les décombres de leurs maisons bombardées, ou de blessures infectées. Les médicaments étaient réservés aux combattants de Daech.*» Amar aime se rappeler comme la vie à Mossoul était «*agréable, avant*». Une cité de 3 millions d'habitants, riche d'une culture flamboyante mais tombée en seulement quelques heures, le 10 juin 2014. «*Un matin, nous nous sommes réveillés dans un autre monde. Comment cela a-t-il pu arriver si vite?*»

Mossoul n'est plus qu'une ville ravagée où les eaux bleues du Tigre charrient les cadavres des vaincus. À quelques mètres de la ligne de front, au bout d'un terrain vague, Assia, 17 ans, attend de pouvoir rejoindre un groupe d'autres civils. Son maquillage, grossier, tranche avec les visages fantomatiques croisés plus tôt. Mariée depuis un mois, elle vient de dénoncer son époux, combattant de Daech, à l'armée irakienne. Elle est en train de s'expliquer quand plusieurs rafales de kalachnikov se mêlent aux tirs d'un sniper djihadiste. Assia se met à courir dans les gravats. Sur son chemin, deux cadavres effondrés au pied d'un mur, mains attachées dans le dos. L'un d'eux est son mari. Assia ne s'arrête pas.

Pour les soldats irakiens, parmi ces centaines de civils qui sortent enfin de la vieille ville, la différence entre les bien portants et ceux qui n'ont plus que la peau sur les os marque de façon irréfutable l'appartenance à Daech. Hommes, femmes, enfants, personne n'échappe aux interrogatoires. Un quinquagénaire aux allures de vieillard, accompagné de son petit-fils de 5 ans, nie être un combattant. Un militaire irakien regarde si son épaule porte les marques laissées par la crosse d'une arme. Puis examine ses index. Si la corne est épaisse, c'est qu'il a passé du temps le doigt sur la détente. Ce n'est pas le cas. Un deuxième arrive, jeune, encore musclé mais blessé. Alors que tant d'autres sont morts faute de soins, lui a été opéré. Il est mis à l'écart près d'un Humvee sur le capot duquel repose la dépouille d'un major qui vient d'être tué. Les soldats sont en colère. À quelques jours de la victoire, ces derniers morts renforcent leur envie d'en finir. Comme dans toutes les guerres, la libération a aussi ses heures sombres. Avant que vienne le temps de la justice des tribunaux, prévaut celui des jugements expéditifs et des exécutions. Dans la fraîcheur du soir, les soldats iront se baigner dans le Tigre sans que ne les dérangent les corps de six hommes jetés depuis les hauteurs du fleuve avant d'être criblés de balles, et gisant sur la berge. Parmi eux, le grand-père du petit-garçon et le combattant blessé.

La nuit tombe et les militaires ont rejoint l'un de leurs quartiers généraux. Devant les sanitaires, au-dessus d'un seau rempli d'eau, une petite fille s'asperge le visage. Elle crie plus qu'elle ne parle, ses gestes sont brusques et ses yeux ne fixent rien ni personne. C'est une Yézidie. Arrivée avec une famille qui dit l'héberger depuis quinze jours. Elle semble avoir 7 ou 8 ans mais pense qu'elle en a 4. L'âge, sans doute, où tout a basculé pour elle, où elle a dû abandonner Avan, son prénom yézidi, pour Jamila, celui d'une petite musulmane... Elle explique que ses parents sont morts à Sinjar. Fatima, la femme qui l'a recueillie, prétend l'avoir prise en pitié. Les soldats, eux, la soupçonnent d'avoir réduit en esclavage cette orpheline en état de choc et de l'utiliser pour se faire bien voir des vainqueurs.

Si neuf mois de combats harassants sont sur le point de prendre fin, pour Avan, comme pour des milliers de Mossouliotes, la bataille continue. Celle contre les traumatismes, l'effroi et l'horreur qui vont revenir hanter leurs nuits. Celle pour la vie.

Une vigilance de chaque instant

Le 4 mars 2017, alors que l'armée irakienne reprend, rue après rue, la ville de Mossoul, un soldat des forces spéciales oblige les hommes quittant la zone contrôlée par Daech à se dévêtir pour vérifier qu'ils ne portent pas d'armes ou de ceintures d'explosifs.

SPORT SPORT SPORT

Échapper à Daech
Éclairée par les torches des peshmergas, cette femme enceinte franchit la ligne de front à Doogrdkan, à 56 km au sud de Mossoul, le 19 avril 2016. Elle vient de fuir son village occupé par l'État islamique.

La libération

À Mossoul, le mercredi 7 juin 2017, dans le quartier de Zinjili, une trentaine de civils sont évacués par les hommes de la 16ᵉ division de l'armée irakienne, qui progressent maison par maison dans une zone piégée par l'EI.

Le joyau de la plaine de Ninive en ruines

En février 2018, alors que Mossoul a été libérée six mois plus tôt, au bord du Tigre, la vieille ville, un bijou d'architecture et d'art, martyrisée ressemble à une décharge. À droite, l'une des rares mosquées épargnées. Sous ces décombres reposent des centaines de cadavres.

Le lit de la douleur

Dans ce paysage d'apocalypse, le 25 octobre 2016, devant les nappes de pétrole en feu, au check-point de Qayyara, au nord de l'Irak, Mohammed et son épouse Malka, aveugle, sont parvenus à s'échapper de Shura, un village du sud de Mossoul, avec leurs cinq enfants. Ils ont marché 30 km avant d'être récupérés par l'armée irakienne. Ils vont rejoindre un camp, déjà rempli de dizaines de milliers d'autres civils.

PROCHE-ORIENT ET MOYEN-ORIENT

ISRAËL, GAZA
LA SIDÉRATION

2023 à aujourd'hui

Pour Isaac Herzog, président d'Israël, c'est *« la plus grande tuerie de masse qu'ait connue le peuple juif depuis la Shoah »*. Ce 7 octobre 2023, en franchissant les fortifications séparant l'État hébreu de la bande de Gaza, réputées inviolables, les terroristes du Hamas surprennent le monde entier. Pourtant, certaines de leurs manœuvres préparatoires avaient été signalées. Nicolas Delesalle a recueilli les témoignages des « guetteuses », ces jeunes femmes chargées de surveiller la frontière qui avaient lancé plusieurs alertes, restées lettre morte. Côté israélien, 1 200 personnes sont assassinées et 251 autres prises en otages ce jour-là. La riposte est sans appel, la bande de Gaza noyée sous un déluge de bombes. Le Premier ministre Benyamin Netanyahou, à la tête d'un gouvernement d'extrême droite, déclare : *« C'est notre seconde guerre d'indépendance. »* Le Hamas et le Hezbollah, son allié libanais, sont décapités. Mais les populations civiles en paient le prix fort et l'enclave, qui était déjà une prison à ciel ouvert, se transforme en mouroir. Les Israéliens bloquent l'aide humanitaire, condamnant les 2,5 millions de Palestiniens à la famine, et tient soigneusement à distance la presse étrangère. Seuls ceux qui ont réussi à sortir, tel l'archéologue Fadal al-Utol, rencontré par Manon Quérouil, ou les journalistes gazaouis, comme le photographe Ali Jadallah, peuvent témoigner du calvaire subi par leur peuple. On estime à plus de 50 000 le nombre de victimes palestiniennes, et de nombreuses voix dénoncent un « génocide ». Si de courts cessez-le-feu ont permis des libérations d'otages, à l'heure où nous écrivons ces lignes, ils seraient 24 encore vivants aux mains du Hamas alors que Benyamin Netanyahou, poursuivi par la Cour pénale internationale pour « crimes contre l'humanité et crimes de guerre », lançait une nouvelle opération d'envergure destinée à « conquérir » Gaza.

Le poids du souvenir
Sa vie d'avant est partie en fumée. Sharion Cunion, prise en otage le 7 octobre 2023 et libérée le 27 novembre suivant avec ses deux jumelles de 3 ans, revient chez elle, au kibboutz de Nir Oz, en ce mois de juin 2025. Son mari, David, 35 ans, est toujours otage à Gaza.

La route de la mort

Les cadavres des victimes du 7 octobre, sur la voie rapide qui mène à Sdérot, une ville de 27 000 habitants, située à 1 km de la bande de Gaza.

Fuir à tout prix
Quand les 4000 participants du festival tribe of nova *entendent les premiers tirs, c'est la course éperdue dans le désert. Certains seront abattus dans les voitures qu'ils venaient de regagner, d'autres tués à bout portant dans les buissons où ils s'étaient cachés. Simultanément, les kibboutz proches de Gaza sont eux aussi attaqués.*

« Roni racontait que le Hamas s'entraînait avec des explosifs, des drones. Toutes le disaient. Elles n'ont pas été écoutées », raconte son père.

Nicolas Delesalle

Paris Match, n° 3935, 3 octobre 2024

Samedi 7 octobre, 6 h 29, salle de commandement de la base de Nahal Oz. Sur son écran de contrôle, la « guetteuse » Roni Eshel prévient sa hiérarchie : *« À toutes les stations : quatre individus courent vers la clôture. Confirmez la réception. »*

Mercredi 4 octobre, soixante-douze heures plus tôt, Roni s'apprête à quitter ses parents pour regagner cet avant-poste situé à 785 m de la bande de Gaza. Depuis un an et demi, elle officie en tant qu'observatrice dans la 414e unité du Corps de défense des frontières. La jeune fille de 19 ans ne voulait pas intégrer les forces combattantes pendant son service militaire. Elle s'est donc retrouvée affectée à ce poste qui n'existe dans aucune autre armée du monde et reste dévolu aux femmes. Leur mission : scruter sur des écrans les allées et venues des Palestiniens le long de la barrière qui sépare Gaza d'Israël afin de repérer toute activité suspecte. Mais ce matin-là, à 7 h 20, sur le pas de la porte de la maison familiale, Roni avise son père, Eyal : *« Papa, j'ai peur d'y retourner, ils savent tout sur nous, tu sais ? Ils connaissent notre base. Ils sont préparés. »* Eyal ne comprend pas. *« Roni ! Notre armée est forte ! N'aie pas peur ! »* Un an plus tard, il n'en finit pas de regretter ses paroles. Sa fille est morte, brûlée vive dans la salle de commandement de la base, assassinée par le Hamas comme quinze de ses camarades ; sept autres guetteuses ont été kidnappées, l'une d'elles tuée en détention, une dernière, libérée : *« Depuis des semaines, elle nous racontait que le Hamas collectait des informations. Ils s'entraînaient avec des engins explosifs, des drones. Toutes disaient la même chose. Elles savaient. Elles l'ont dit et n'ont pas été écoutées. »* Trois semaines plus tôt, raconte Eyal, pour l'anniversaire d'une des guetteuses, des hommes du Hamas avaient brandi devant une caméra une pancarte où était inscrit : *« Bon anniversaire. »*

Eyal et d'autres parents ont lancé leurs propres investigations en attendant la mise en place d'une enquête publique. *« Par vanité, par mépris, les haut gradés ont ignoré ceux qui savaient. Nous voulons que la vérité sorte. Mais ce gouvernement n'y compte pas. »*

Le vendredi 6 octobre 2023 au soir, Roni et ses amies célébraient la fin du service de l'une d'entre elles, Shahaf Nissani. Celle-ci devait être démobilisée le 11 octobre, le jour où son corps sans vie a été retrouvé. La plupart des filles se couchent tôt. Certaines embauchent à 3 h 30 du matin. À 6 h 30, Shahaf appelle ses parents. Elle est confuse, pleure et tremble. Derrière elle, des hurlements : *« Maman, ils nous tirent dessus ! Il y a une invasion terroriste ! Je vous aime. »*

Roni Lifchitz, la meilleure amie de Roni Eshel, a été sauvée grâce à un changement d'affectation, quelques mois auparavant. *« On a signalé les premières perturbations dès avril 2023, des regroupements proches de la barrière, des gens qui cachaient des explosifs, brûlaient des pneus, vandalisaient nos équipements. Tous les jours, à la même heure, je les voyais s'entraîner avec leurs pick-up. Le dernier mois, il y a eu des franchissements de la barrière, jusqu'à trois fois par jour, plusieurs fois par semaine. En fait, ils testaient nos défenses. Au début du mois de septembre, ça s'est accéléré. Ils pénétraient jusqu'à ce que nos forces les repoussent. »* Roni, elle aussi, raconte avoir averti ses supérieurs : *« J'ai 19 ans, pas de grade, pas d'expérience, je suis vue comme une gamine qui râle parce qu'elle n'est pas à la maison. »* Ce jour-là, Roni Lifchitz a perdu seize de ses vingt amies.

À 6 h 30, ce 7 octobre, quand une pluie de roquettes s'abat sur Israël, les guetteuses de la salle de commandement ressentent les déflagrations et voient leurs écrans trembler. *« Et là, on voit sur les écrans des motos, des pick-up, des centaines de personnes armées qui courent vers tous les points vulnérables et font exploser la barrière. Ils connaissaient toutes les faiblesses. »* Les caméras sont détruites, les écrans s'éteignent. Les guetteuses restent presque six heures dans cette salle assiégée avant que le Hamas n'y mette le feu. C'est ici que Roni Eshel mourra.

Eyal Eshel a rencontré Benyamin Netanyahou en novembre l'an dernier. Yaël, sa deuxième fille, a l'âge de faire son service militaire : *« Dans son bureau, les yeux dans les yeux, je lui ai demandé : "J'ai déjà perdu une fille, comment je fais pour la deuxième ?" Il a souri et n'a rien dit, son regard était vide. »* De rage et de désespoir, avec l'aide des autres pères, Erez, le père de Noa, a construit un mémorial pour les jeunes filles tuées à Nahal Oz. Sur un monticule frappé par le vent. De là-haut, on aperçoit la mer et les villes en ruine de Gaza.

Recueillement

Le 25 septembre 2024, Gili Leibushor se recueille dans la salle de commandement de Nahal Oz, où sa fille, Yaël, a été brûlée vive.

À court de mots, Fadal rassurait ses enfants en leur promettant que, s'ils devaient mourir, ils mourraient ensemble, serrés les uns contre les autres.

Manon Quérouil-Bruneel

Paris Match, n° 3969, 28 mai 2025

Fadal al-Utol a 44 ans aujourd'hui et aucune envie de les fêter. Que faudrait-il célébrer au juste? Son premier anniversaire loin de sa mère et de ses frères, toujours piégés dans le mouroir qu'est devenu Gaza? Sa maison rasée? La mort de son neveu, quarante-deuxième membre de la famille à périr dans cette guerre et fauché la veille par un drone? Facebook est un vaste cimetière virtuel où il apprend chaque jour la disparition d'un ami, d'un voisin. Les survivants, eux, se préparent à une nouvelle évacuation, poussés vers le sud par l'armée israélienne. *«Ils vont nous parquer comme des bêtes et nous laisser mourir à petit feu»*, soupire Fadal.

Il en est miraculeusement sorti le 29 mars dernier avec sa femme et leurs six enfants. Ce rarissime ticket de sortie, la famille le doit au statut du père, qui se revendique comme le *«dernier archéologue de Gaza»*. Ultime spécialiste des vieilles pierres dans ce champ de ruines. Il a longtemps mené un combat existentiel à ses yeux, déterminé à prouver que *«la Palestine est une réalité historique»*, ce que nie l'extrême droite israélienne.

Ce sont les autorités suisses qui ont organisé l'évacuation de la famille. Un miracle qu'ils n'attendaient plus. Les Al-Utol prennent la route sous un déluge de bombes, dans un paysage d'apocalypse. *«On voyait des cadavres partout»*, se souvient Iman, la mère. Le dernier kilomètre se fait à pied. La famille longe des montagnes de cartons d'aide alimentaire qui pourrissent au soleil, bloqués là par les autorités israéliennes pendant que la famine se répand dans Gaza.

Les mois d'angoisse et de privations ont laissé leur empreinte: les corps sont amaigris, les regards aux aguets. Les enfants, qui n'ont connu que l'enfermement, n'avaient jamais vu de villes sans gravats ni de ciel sans drones. Salam, 15 ans, trouve tout *«beau et bizarre»* en Suisse: les rues si propres, les parcs si grands, les gens si disciplinés. Le tramway est une petite fête, le lac, un émerveillement. La famille prend des cours intensifs de français. Fadal a trouvé du travail au musée d'Art et d'Histoire de Genève. Les enfants sont retournés à l'école, après en avoir été privés pendant deux ans et demi.

Le confort de son lit lui semble souvent insupportable, mais, chaque matin, Fadal ouvre la fenêtre avec le ravissement d'un gamin, fume en écoutant chanter les oiseaux. *«À Gaza, ils sont tous morts.»*

Le 7 octobre 2023, il menait des fouilles dans un ancien cimetière romain dans le nord de l'enclave. À 6 h 27, il a vu les pick-up du Hamas foncer vers la frontière dans un bruit de tonnerre. *«Je me suis précipité à la maison et j'ai dit à ma femme: "Cette fois, les Israéliens vont raser Gaza."»* Dès le lendemain, un avion de chasse F-16 pulvérise le bâtiment situé à 50 m de leur maison. La famille se réfugie dans une école. Le début de dix-huit mois d'errance.

Au plus fort du blocus de l'aide alimentaire, ils sont restés vingt jours à se nourrir uniquement de riz et de tomates. Les femmes déchiraient leurs pantalons pour en faire des protections hygiéniques. Les enfants, eux, étaient sans cesse malades. Il n'y avait plus de médicaments pour les soigner. *«À Gaza, une semaine vaut une année,* dit le père. *Si tu n'es pas blessé, tu es malade. Personne ne dort, personne ne respire normalement à cause du phosphore, de la fumée et des produits chimiques contenus dans les bombes.»* Abdel Razek, l'aîné des garçons, a perdu 15 kg. Son petit frère, 7.

À court de mots, Fadal rassurait ses enfants en leur promettant que, s'ils devaient mourir, ils mourraient tous ensemble, serrés les uns contre les autres. Dans ce confetti surpeuplé, sous blocus depuis 2007, les Al-Utol étaient parvenus à construire une vie. *«C'est difficile à croire pour ceux qui ne l'ont pas connu, mais Gaza était un paradis»*, s'illumine Fadal. Il y avait les pique-niques sur la plage les vendredis, cette lumière si particulière quand le soleil tombe dans la mer, les gamins filant sur des karts rafistolés le long de la corniche. Le couple a élevé ses six enfants en leur offrant de l'amour et une bonne éducation, avec l'espoir que tous auraient un avenir meilleur. Espoir qui s'est fracassé le 7 octobre 2023. L'archéologue a connu six guerres depuis la première Intifada en 1987, des couches de drames et de destructions qui se sont empilées au fil des années. Mais le conflit en cours surpasse dans l'horreur tout ce qu'il aurait pu imaginer. *«Vingt mille enfants morts dans l'indifférence générale,* souffle-t-il. *Nous n'existons plus aux yeux du monde.»*

À corps perdus

Le 24 octobre 2023, cette petite fille est extraite des décombres d'un bâtiment détruit par les frappes israéliennes, dans le camp de réfugiés d'Al-Shati, à Gaza.

ALWAYS

Répit
Après le retrait des troupes israéliennes, cette famille est de retour à Khan Younès, jadis une ville de 400 000 habitants au sud de la bande de Gaza, aujourd'hui dévastée. Ils ont trouvé un semblant d'abri dans cet appartement éventré. Le 26 avril 2024.

Échange
Le 19 janvier 2025, alors qu'un cessez-le-feu vient d'être adopté, des combattants du Hamas sont rassemblés pour remettre au comité international de la Croix-Rouge 3 otages israéliennes. En contrepartie, 90 prisonniers palestiniens sont, eux aussi, libérés.

Ils crient famine

Selon le Programme alimentaire mondial, des milliers de Palestiniens pourraient mourir de faim si Israël ne consent pas à laisser rentrer plus d'aide humanitaire. Ici, le 14 juillet 2025, des Gazaouis se pressent près d'un point de distribution, tandis que les frappes se poursuivent. De nombreux Palestiniens ont déjà été tués lors de ces distributions.

CUBA
AU CŒUR DE LA RÉVOLUTION

1953-1959

Ce 1er janvier 1959, alors que certains réveillonnent encore, à La Havane, une nouvelle ère commence : celle de la révolution victorieuse, incarnée par Fidel Castro, grand gaillard vêtu d'un treillis, à la barbe fournie et aux lunettes d'intellectuel, alors âgé de 29 ans. Le 26 juillet 1953, le jeune avocat, marxiste-léniniste, fils d'un riche planteur de canne à sucre, faisait déjà partie du Mouvement du 26 juillet, un groupe d'environ 200 étudiants qui attaquèrent la caserne de la Moncada, à Santiago, la deuxième ville du pays. Ils s'opposent à la dictature du général Batista, soutenue par les États-Unis qui ont transformé Cuba en un casino à ciel ouvert où les paysans crèvent de faim.

Condamné à quinze ans de prison, Castro est libéré en 1955, à la faveur d'une amnistie générale. Il quitte le pays pour y revenir clandestinement, dans la nuit du 2 décembre 1956, à la tête d'un groupe de rebelles, le Mouvement du 26 juillet, sur le Granma qui accoste sur la côte nord de l'île. Mais l'armée de Batista est là : sur 82 volontaires, seuls 15 atteindront la Sierra Maestra, plus à l'est. Dans le maquis ils se réorganisent. Rejoints par de nombreux partisans, ils partent à la conquête du pouvoir.

Les envoyés spéciaux qui parviennent à suivre les rebelles ramènent des récits presque romantiques de cette guerre caribéenne. Et, à La Havane, le conflit paraît loin. Sans doute est-ce pour cela que, quand ils y planifièrent leur voyage de noces, en ce mois de janvier 1959, le photographe et la journaliste de *Paris Match* Daniel Camus et Marie-Hélène Viviès ne pensaient pas assister à l'avènement d'une révolution en gestation depuis trois ans et se retrouver dans une capitale en éruption. Ils furent les premiers à documenter l'arrivée à la tête de l'État de Fidel Castro, le *líder máximo* qui allait diriger le pays pendant quarante-neuf ans.

Le duel

Cette photo de Daniel Camus, du 1er janvier 1959, documente les premières minutes de cette journée historique : dans les vieux quartiers de La Havane, un policier batistin et un partisan de Fidel Castro se tirent dessus. Les maisons de jeux, source principale de revenus pour Batista, sont les premiers bâtiments à être pillés.

PARIS

« Par la fenêtre, je vois des tanks de l'armée, les mêmes qu'on envoyait la veille encore contre Fidel Castro. »

Marie-Hélène Viviès

Paris Match, n° 509, 10 janvier 1959

Comme tout le monde ici depuis des heures, je suis allongée sur la moquette. On tire sur tout ce qui bouge aux fenêtres. J'attends des nouvelles de Daniel qui est parti avec son Leica, pour mettre la révolution «*dans la boîte*», comme il dit. Nous sommes arrivés à La Havane le 31 décembre au soir. On sentait l'inquiétude. Entre les éclats de rire et les bravos, les conversations roulaient toutes autour du même sujet : la *revolución*, le volcan sur lequel dansait La Havane en cette nuit de la Saint-Sylvestre.

C'est à 6 h 30 que la nouvelle a éclaté. Nous dansions encore. Soudain, Daniel m'a entraînée par la main jusqu'à un poste de radio autour duquel les gens s'amassaient : Batista s'était enfui en avion. Nous nous sommes précipités dehors et nous avons vu la rue changer en un clin d'œil : voitures, camions, autobus, chariots remplis de jeunes gens agitant des drapeaux. On arrachait les emblèmes du régime. Daniel et moi avons pensé à la libération de Paris. Cela avait dû être un peu comme ça.

Et puis, tout s'est gâté. Un jeune garçonnet, arrivé avec une barre de fer, s'est mis à taper avec une rage incroyable sur une de ces bornes dans lesquelles les automobilistes mettent 5 cents pour une demi-heure de stationnement et l'a vidée de son contenu. Une heure plus tard, il n'y avait plus une borne debout. Puis ce fut le tour des devantures, surtout des maisons de jeux – principale industrie du régime de Batista –, où les machines à sous étaient brisées, vidées et jetées sur le trottoir.

Daniel m'a raccompagnée en hâte jusqu'à l'hôtel *Sevilla* et il a fallu entrer par une porte de service : déjà les pillards attaquaient la façade. Nous avons dû regagner nos chambres par le monte-charge des cuisines, puis Daniel est sorti pour faire des photos tandis que la police dégageait l'hôtel. Au même moment une rafale de mitraillette a crépité sous nos fenêtres ; c'était un pillard que les policiers venaient d'abattre sur le trottoir.

À partir de 14 heures, j'ai vu arriver des voitures chargées de civils vêtus de chemises noires et de casquettes rouges, les couleurs du Mouvement du 26 juillet. Ils disent qu'ils sont les premiers envoyés de Fidel Castro. Ils aident la police à rétablir l'ordre.

Daniel, venu refaire sa provision de films à l'hôtel, me dit qu'il a vu au moins une douzaine de morts et une cinquantaine de blessés. En face du parc, les hommes de Batista se sont barricadés dans un immeuble officiel et se défendent à l'aide de fusils et de mitrailleuses. Par la fenêtre, je vois passer des tanks et des autos blindées de l'armée, les mêmes qu'on envoyait la veille encore contre Fidel Castro. Ils vont donner l'assaut aux «batistiens». L'ordre de grève lancé par Fidel Castro a été suivi totalement. On attend maintenant l'arrivée du libérateur, et ce sera la dernière image du câble que je vous ai adressé hier sur l'extraordinaire aventure du révolutionnaire cubain. Daniel vient de repartir pour tâcher d'expédier ses photos à l'aéroport que les insurgés viennent d'occuper. Maintenant, de la fenêtre, je distingue mal la rue d'où partent toujours des coups de feu. La nuit tombe.

Je vous souhaite une bonne année.

Lune de miel

Le calme avant la tempête pour Marie-Hélène Viviès et Daniel Camus, alors en voyage de noces. Grâce à eux, Paris Match *sera le premier journal à publier le récit de la prise de La Havane et de l'arrivée des révolutionnaires cubains au pouvoir.*

Hasta la victoria

À l'heure de la victoire : entouré de journalistes et de ses maquisards, le líder máximo, *qui ne rejoindra La Havane que le 8 janvier 1959, harangue la foule. Il n'a que 32 ans.*

RAI
PROGRESO
PROGRESO
CMQ
CMC
UNION
CMQ

Répression
En avril 1958, Fulgencio Batista tente toujours de maintenir l'ordre en faisant arrêter tous ceux qu'il soupçonne de soutenir les révolutionnaires, comme ces hommes enfermés au QG gouvernemental.

Le déni
Tandis que les guérilleros de Castro gagnent du terrain, le dictateur tâche de faire bonne figure. Ici, il pose pour Match *avec sa dernière fille, âgée de quelques mois, le 4 avril 1958. Il fuira en République dominicaine dès l'entrée des guérilleros dans La Havane.*

Le soulèvement
Avant même l'entrée des combattants castristes dans La Havane, une partie de la population avait déjà commencé à prendre les armes, multipliant les pillages, tueries et règlements de comptes.

AMÉRIQUE LATINE

NICARAGUA
LE COUP DE FORCE DES SANDINISTES

1978-1990

Du gavroche au paysan, ils ont adopté le foulard du commandant « Cero », le chef de l'opposition sandiniste. Il se bat contre la dictature d'Anastasio Somoza, qui dirige et pille allègrement le pays depuis quarante ans. Le mouvement révolutionnaire doit son nom à Augusto Sandino, figure de la lutte contre l'occupation américaine, assassiné sur ordre du père de Somoza. Le 15 septembre 1978, jour de la fête nationale, alors que la grève générale a commencé depuis une quinzaine de jours, une foule d'étudiants, d'ouvriers, de prêtres et de déserteurs, armés de vieux revolvers ou de fusils de chasse se retrouve face à une Guardia Nacional équipée d'armes automatiques. La répression est implacable : pour neutraliser un insurgé, c'est souvent tout un quartier qu'on détruit. Malgré cela, le régime finit par tomber en juillet 1979. Benoît Gysembergh était avec les guérilleros lors de la féroce bataille de León, la deuxième ville du pays, *« libérée maison par maison »*, raconte-t-il.

Mais le pouvoir sandiniste, lié à Cuba comme à l'URSS, inquiète les Américains qui soutiennent une guérilla contre-révolutionnaire, les Contras. C'est la guerre civile, et le peuple voit ce gouvernement en lequel il avait tant cru fouler aux pieds ses rêves de liberté. Le Nicaragua, alors dirigé par Daniel Ortega, passe en coupe réglée. L'économie est en berne, le droit de grève interdit, les jeunes mobilisés et le budget de l'État dédié à l'armée qui compte plus de 100 000 hommes. En 1987, Michel Peyrard rejoint les soldats sandinistes et constatent qu'ils n'ont plus le soutien de la population. Déplacements forcés, exactions, les civils paient le prix fort de cette guerre civile qui va durer dix ans. Elle se termine avec les élections du 25 février 1990, organisées sous la pression internationale et qui verront les sandinistes perdre le pouvoir.

Ratissage

En mars 1979, à Léon, deuxième ville du pays et capitale de la révolution sandiniste, les guérilleros inspectent la ville maison par maison, n'hésitant pas à enfoncer les portes à coups de pied.

146

Les gosses sont précieux : pisteurs, Juanito et Pablo, 16 ans, suivent l'ennemi à la trace.

Michel Peyrard

Paris Match, n° 1993, 7 août 1987

Raphaël Suarez est tombé ce matin peu avant 7 heures. Il avait 19 ans. La veille, assis avec les autres près du feu, il évoquait, un rien hâbleur, les soirées animées de l'*Infinito*, une discothèque torride de Managua qui focalise ici, dans les lointaines montagnes du Nord, toutes les ardeurs frustrées des jeunes soldats après les deux années dues à l'armée sandiniste. Il voulait débuter des études de médecine. Une seule balle lui a perforé le cœur.

Dans le soleil couchant, les sentinelles tendent leur hamac entre les bananiers. De temps à autre, d'immenses éclairs de chaleur découpent en cinémascope le profil rassurant des mortiers dissimulés sous les plants de caféier. Depuis le début de l'année, 6000 hommes de la Contra se sont infiltrés au Nicaragua à partir des camps du Honduras voisin. Sous un toit de zinc, seul reliquat d'une attaque contre ce qui fut naguère une coopérative, Danilo le soldat sandiniste savoure par petites bouffées la cigarette que je lui ai offerte. Le tabac manque, comme d'ailleurs l'alcool, le savon, le dentifrice et même – ironie dans cette région traditionnellement productrice – le café. « *Nous n'avons pas eu une seule journée sans escarmouche* », me dit Danilo. Son goût prononcé pour les conversations idéologiques trahit le *político*, un de ces instructeurs politiques qui se chargent d'entretenir la conscience de classe de leurs camarades. « *Les Contras se scindent en petites unités de dix à quinze hommes qui sillonnent la montagne*, explique-t-il. *Ils placent des mines sur les pistes, attaquent des objectifs économiques, les pylônes électriques, les coopératives.* »

Ce matin nous partons en exploration dans le Nord. Sur la piste, de larges trous, au bord parfaitement arrondi, annoncent presque toujours des carcasses de camions basculés un peu plus loin dans le fossé. Les hommes ne quittent pas des yeux le rideau de végétation dense qui encadre la piste. Certains sont jeunes. Pas plus de 16 ans. La plupart ont été blessés au moins une fois. Comme Juan, qui a perdu une main dans l'explosion d'un obus de mortier. Des chirurgiens est-allemands lui ont fixé une prothèse à l'esthétique douteuse. Juan n'a pas perdu qu'une main dans l'explosion du mortier. Mais aussi un peu la tête. « Muñeco », qui signifie « poupon », volontaire, a suivi une formation spéciale d'un an, en Bulgarie. À côté de lui, Julián, qui croit savoir que « *la France est un pays frère appartenant au bloc socialiste et où on danse le menuet* ». Ces trois-là, tout à l'heure, s'enfonceront seuls dans la jungle. Avec l'assentiment de leur chef, ils ignorent la discipline militaire. Soldats sans grade, ils ont choisi de se battre sur le terrain de leurs ennemis.

L'idéologie n'a rien à voir là-dedans. Chez eux, c'est le goût de la drôle de guerre qu'est la guérilla qui, seule, désormais, compte. D'ailleurs, ils pourraient être de l'autre côté. Car ceux d'en face leur ressemblent : fils de paysans pauvres, souvent originaires de la zone frontalière. La plupart, sandinistes ou Contras, ignorent pour qui et pourquoi ils se battent dans la montagne. Pire, ils sont même interchangeables. La Contra a pris l'habitude de recruter chez les prisonniers gouvernementaux, et les sandinistes ne se privent pas d'en faire autant.

Dans un carré abusivement baptisé « cuisine », les plus jeunes soldats ont découpé en fines lanières de viande la vache tuée à l'aube. Quel âge ont ces gosses ? « *Quinze ans* », lâche Laurencio qui a, en réalité, 11 ans. Ses parents étaient décédés, alors, quand les hommes du bataillon sont passés dans son village il y a trois mois, il est resté avec eux. Certains de ces gosses sont précieux pour les forces gouvernementales. Comme Juanito et Pablo, jumeaux de 16 ans, venus de la région frontalière que la guerre a désertifiée. Pisteurs, Juanito et Pablo sont chargés de suivre l'ennemi à la trace. Tous les deux ont vu leur parents, membres d'une ferme d'État, assassinés sous leurs yeux par la Contra...

Si l'armée gouvernementale dispose d'un excellent réseau d'informateurs, dans les coins les plus reculés de la région, les sandinistes ne bénéficient d'aucune assise. Dans ces vallées dépourvues de routes, la sympathie des paysans est acquise à la Contra. Chaque jour, les *compañeros* l'apprennent à leurs dépens : il est des résistances aussi insoupçonnables qu'insurmontables.

La révolution à hauteur d'enfant

Coiffé de la barrette du curé, récupérée dans l'église voisine, ce jeune garçon d'une dizaine d'années monte la garde devant une barricade, armé d'une vieille carabine.

Tenir
Chaque matin, dans la partie de son bunker transformée en gymnase, à Managua, le président nicaraguayen Anastasio Somoza s'entraîne pour rester en forme.

Guérillera
À gauche, en juin 1979, Marta Gomez, 17 ans, pose avec ses amies, à Léon. Benoît Gysembergh, le photographe l'a retrouvée vingt ans après : mariée au lieutenant Mayorga, son ancien compagnon d'armes, Marta était devenue épicière.

AMÉRIQUE LATINE

SALVADOR
LE CRI DES ARMES

1979-1992

Le 15 octobre 1979, un coup d'État renverse ce qui est déjà un pouvoir militaire pour instaurer une nouvelle junte soutenue par des organisations d'extrême droite et par les États-Unis. Des groupes paramilitaires, surnommés les « escadrons de la mort », assassinent plusieurs milliers de personnes, notamment des militants politiques, religieux ou syndicaux qui luttent contre les inégalités et la mainmise d'une oligarchie composée d'une quinzaine de grandes familles qui possèdent plus de la moitié des terres et contrôlent, depuis le XIXe siècle, ce pays surpeuplé et sans industries. Un an plus tard, à l'initiative du Parti communiste, plusieurs groupes armés de gauche s'unissent pour former le FMLN, le « Frente Farabundo Martí para la Liberación Nacional ». C'est le début d'une guerre civile qui fera plus de 75 000 morts et s'achèvera en 1992, après la signature des accords de paix de Chapultepec. Selon l'ONU, 85 % des actes de violence ont été perpétrés par l'armée et ses redoutables escadrons de la mort.

Le photographe de *Paris Match* Benoît Gysembergh se rendra de nombreuses fois sur place, ainsi que le grand reporter Jean-Michel Caradec'h, qui, en décembre 1981, passera dix jours avec les guérilleros, dans le nord-ouest du pays.

Il constate que, loin d'être équipés massivement par les Soviétiques ou les Cubains comme le prétendent les Américains, ces combattants manquent de tout : *« Ils récupèrent leurs fusils sur les morts adverses et le désespoir est leur principale munition »*, écrit-il. Son récit sera récompensé par le prix Albert-Londres en 1984.

Fusillade
Le dimanche 30 mars 1980, alors que sont célébrées les obsèques de Mgr Oscar Romero, archevêque de San Salvador, assassiné le 24 mars précédent par une milice d'extrême-droite, des inconnus ouvrent le feu sur la foule.

Anna : « *Un soir, ils sont venus : ils ont tué mon père à coups de crosse, éventré ma mère à la machette.* »

Jean-Michel Caradec'h,
Paris Match, n° 1697, 4 décembre 1981

Lorsque nous arrivons à Patamera, il semble que nous marchons depuis des jours. Nous sommes au premier campement de guérilla de la région de Chalatenango, la zone la plus orientale du Salvador. Chalatenango, un nom sur une carte, sur un communiqué de guerre. Une ville aussi, capitale d'une des régions les plus montagneuses et les plus déshéritées du Salvador. La guérilla s'y est bien implantée à cause du terrain propice au maquis et grâce à la population, des paysans, pour la plupart illettrés, proches du dénuement absolu. Nous avons encore deux jours de marche jusqu'à El Alto, le camp de l'état-major. Six guérilleros nous serviront d'escorte... Deux portent des treillis militaires dépareillés et sont armés de fusils d'assaut américains ou belges, les autres sont en «civil», armés de carabines US ou de revolvers. Ils sont tous très jeunes, à coup sûr moins de 20 ans.

Raoul est arrivé au campement maigre et les pieds en sang. [...] Il s'est perdu avec son groupe en combattant. On lui tape dans le dos, on est contents de le revoir. Et puis soudain, Tacha lui lance: «*Raoul, Anna et tes enfants sont morts.*» Raoul ne bronche pas et continue à manger. «*Comment? — Un mitraillage, juste en sortant du campement.*» Raoul hoche la tête: Anna avait 25 ans, son fils aîné 6 ans, les autres 5 et 2 ans. Quand il relève la tête, j'aperçois une larme, une grosse, qui coule sur sa joue en laissant une trace dans la poussière.

À une centaine de mètres, un peu de fumée s'élève du côté de la casa d'Abel. C'est l'armurier, expert en explosifs, du campement. Il est en train de confectionner des grenades de contact. Autour d'une petite boule d'explosifs, il presse des vieux boulons, des clous rouillés et des bouts de ferraille. Le tout est abondamment enveloppé dans du chatterton jusqu'à donner une boule grosse comme une orange qui a la particularité d'exploser au moindre choc. L'engin est aussi dangereux pour son utilisateur que pour les adversaires. L'arme favorite de la guérilla est le M16 américain dont tous les exemplaires portent encore la marque: «Property of US Government». Ce manque d'armes et de munitions est bien réel.

Il est incontestable que les révolutionnaires gagnent du terrain auprès de la population. Paradoxalement, c'est en grande partie grâce aux organisations d'extrême droite comme Orden et à l'armée secrète anticommuniste, qui ont toujours collaboré avec les militaires. L'organisation Orden s'est implantée dans les campagnes, transformant les villages en camps retranchés. Les paysans sont contraints d'adhérer, sous peine d'être considérés comme favorables aux révolutionnaires et exécutés souvent d'une façon atroce. Certains ont rejoint la guérilla après qu'eux-mêmes et leur famille ont subi des exactions. C'est le cas d'Anna, 17 ans. «*Je suis dans la guérilla depuis deux ans, mes parents étaient paysans dans un petit hameau à côté de Santa Tecla. Orden contrôlait le village, mais mon père ne voulait pas faire de politique. Un soir, ils sont venus: ils ont tué mon père à coups de crosse, éventré ma mère à la machette. J'étais allée chercher de l'eau et ils ne m'ont pas vue. Un sergent a tué mes deux grands frères avec son revolver en les faisant mettre à genoux. Ils ont violé ma petite sœur et ils ont mis le feu à la maison. Je me suis enfuie et j'ai rejoint la guérilla pour les venger.*»

Cette nuit: embuscade. Luis est chef des opérations militaires. Un geste: tout le monde s'écroule dans l'ombre. Chuchotements: «*En avant!*»

La route est blanche sous la lune. Déserte. Deux ombres enterrent les mines et déploient les fils. Au bout de la ligne droite, rien ne bouge. Un coup de feu. Silence. Un autre. Deux silhouettes se matérialisent. Luis tire. Une courte rafale. Deux mines explosent, projetant les hommes en l'air. «*Feu, feu.*» Les deux corps tressautent sous les impacts. Au loin, on entend des cris. Le gros de la patrouille arrive à la rescousse. Les guérilleros sautent sur la route et s'approchent des corps immobiles. L'un des deux a les jambes arrachées, l'autre une balle dans le front et des éclats dans la poitrine. On arrache les vêtements poisseux de sang; on retire leurs bottes. Les fusils sont intacts, ils n'ont même pas tiré une balle. Une quinzaine de soldats débouchent en courant et se mettent à rafaler. «*Repli.*» Course folle vers la montagne. Regroupement: tout le monde est là. Bonne opération: 2 M16 tout neufs, 400 cartouches, 1 treillis un peu percé et 2 bonnes paires de pompes. Luis exhibe un paquet de cigarettes couvert de sang: tournée générale.

La révolution des cavaliers

En février 1982, alors que la guerre fait rage depuis deux ans déjà et que le pays s'apprête à élire une Assemblée constituante, des soldats du FMLN patrouillent dans un village de l'Usulutan.

Saint Homme

Quelques minutes avant la fusillade, les photographes se pressent pour immortaliser la dépouille de Mgr Romero. Symbole de la résistance à l'oppression, il dénonçait avec force les violences commises par le gouvernement salvadorien et l'armée. Béatifié en 2015, il a été canonisé par le pape François le 14 octobre 2018.

Du sang sur le parvis

Devant la cathédrale, alors que la fusillade a déjà éclaté depuis quelques minutes, certains civils se précipitent pour évacuer les blessés mais se font tirer dessus à leur tour.

DIÊN BIÊN PHU
REQUIEM POUR L'INDOCHINE

1946-1954

« Nous avions été surpris par un adversaire dont nous avions mésestimé la valeur », écrivait Daniel Camus dans *Match* en 1963. Dix ans plus tôt, le jeune photographe de 23 ans, engagé volontaire chez les paras à 17 ans, sautait sur Diên Biên Phu, au nord du Tonkin. De l'opération *Castor* à la chute de la dernière position française, le 7 mai 1954, il photographia cette bataille, premier acte du déclin de l'Empire colonial français. Pris au piège dans cette cuvette, les soldats français subissent, sans interruption durant cinquante-six jours, les tirs d'artillerie des Viet Minh dispersés sur les hauteurs. Diên Biên Phu reste l'épilogue dramatique d'un conflit commencé en décembre 1946 avec l'insurrection d'Hanoï, dans le nord du Vietnam. La France, qui veut renforcer son autorité sur l'Indochine, composée du Vietnam, du Laos et du Cambodge, se heurte au Viet Minh. Le mouvement indépendantiste dirigé par Hô Chi Minh et soutenu par la Chine bénéficie d'une connaissance parfaite du terrain ainsi que de l'appui des populations locales. Face à cette guérilla qui multiplie les attaques surprises, les forces françaises, malgré leur supériorité technologique, s'épuisent et multiplient les erreurs stratégiques. La bataille de Diên Biên Phu en est l'illustration la plus dramatique. Comme 10 863 autres, Daniel Camus est fait prisonnier et parqué dans les camps du Viet Minh, à la frontière chinoise. Ils seront seulement 3 290 à en sortir vivants, libérés lors de l'échange de prisonniers prévu par les accords de Genève, signés en juillet 1954. La France se retire et le Vietnam est provisoirement divisé en deux en attendant des élections qui n'auront jamais lieu. Refusées par le Sud-Vietnam qui craint une victoire du Nord, communiste. Deux ans plus tard éclate la guerre du Vietnam.

Volontaires
Dans un enclos près de l'hôpital Lunessan, à Hanoï, six hommes d'un groupe d'artilleurs se portent volontaires pour être parachutés à Diên Biên Phu, alors qu'ils savent déjà la défaite inéluctable. Ils le font « pour les copains », *diront-ils. Leur avion devait décoller le soir même à 19 heures.*

Le général de Castries me lance : *« Mon vieux Camus, s'ils attaquent cette nuit, nous sommes foutus. »*

Daniel Camus

Paris Match, n° 757, 12 octobre 1963

Au matin du 20 novembre, je suis dans l'un des soixante Dakotas qui décollent d'Hanoï. C'est mon premier grand reportage, avec le bataillon de paras de Marcel Bigeard. Nous ignorons où nous allons. Le secret de l'opération *Castor* a été bien gardé. Un peu avant 11 heures, nous recevons l'ordre de sauter. Au sol, les balles claquent, les paysans qui moissonnent les rizières fuient, terrorisées. Quand la brume se dissipe, nous nous apercevons que nous sommes dans une vallée bordée de toutes parts par des crêtes montagneuses.

Notre état-major, qui veut forcer nos adversaires à se battre à découvert, est sûr de la supériorité que nous donnent notre artillerie et notre aviation. Mais le général Giap, qui commande en face, parle d'une guerre entre un tigre et un éléphant: «*Le tigre,* dit-il, *se tapit dans la jungle et ne sort que la nuit. Il s'élancera sur l'éléphant puis disparaîtra de nouveau et l'éléphant mourra d'épuisement et d'hémorragie.*» Sur des photos prises par le Viet Minh et jamais publiées en Occident, on voit des milliers d'hommes creuser, à la pioche, des routes dans la montagne, à l'abri des forêts et les camoufler avec de faux buissons. Notre aviation ne pourra jamais les repérer. L'armée ennemie les emprunte chaque nuit. Dès le début de la nouvelle année, l'ennemi a aligné 50000 hommes sur les hauteurs de la cuvette où nous sommes 10000. Un rapport de 5 contre 1.

La stratégie du haut-commandement français repose sur deux affirmations: les Viets n'ont pas les moyens de se ravitailler et ils n'ont pas d'artillerie que nous ne puissions détruire avec nos canons. Or, sur les routes à peine terminées, des camions recouverts de branchage amènent, nuit après nuit, canons et mortiers, dissimulés sous des rocs qui les rendent invulnérables. Derrière les crêtes, l'ennemi construit des casemates, et des dizaines de milliers de coulis acheminent le ravitaillement. Le Viet Minh a réquisitionné toutes les bicyclettes du pays. En les renforçant avec des étais de bois, on leur fait porter jusqu'à 300 kg.

Le 13 mars à 17h15, l'artillerie ennemie déclenche l'offensive. Le 15, le général de Castries me lance: «*Mon vieux Camus, s'ils attaquent cette nuit, nous sommes foutus.*» Dès lors, ils vont tirer sur nous pendant cinquante-six jours sans une heure de répit. Peut-être aurait-on pu tenir dans des abris bétonnés mais nous n'avons que des blockhaus de fortune recouverts de rondins et de 30 cm de terre. Gown, le médecin-chef, opère jour et nuit, désespéré de devoir abandonner ceux qui ne sont pas «récupérables». Seuls les avions sanitaires pouvaient rapporter nos pellicules à Hanoï. Le Dakota qui décolle de Diên Biên Phu le 27 mars 1954 est le dernier. Un autre atterrira le lendemain, avec, à son bord, l'infirmière Geneviève de Galard, exemple de courage et de dévouement. Le réservoir percé, il ne repartira jamais. J'ai perdu deux de mes camarades. Le photographe Raymond Martinoff, tué. Le cameraman André Lebon, évacué avec une jambe coupée.

Maintenant, je suis aussi volontaire pour transporter les vivres et les munitions entre les points d'appui. J'ai pourtant continué à prendre des centaines de photos jusqu'au dernier jour. À la fin, seule la radio nous relie au reste du monde. En face, une nouvelle arme est apparue: les orgues de Staline. Les derniers points d'appui cèdent les uns après les autres. C'est la fin.

Le 7 mai, vers 17 heures, un cri jaillit: «*Ils arrivent!*» Aussitôt déferlent une multitude de petits hommes habillés de vert, casqués de lataniers et de branchages, le visage masqué par de la gaze blanche à cause de l'odeur des morts. Nous passerons nos dernières heures à tout détruire, démontant les armes et dispersant les pièces, soudant à la grenade les culasses des canons. À 18 heures, le tir cesse. Nous sortons de notre tranchée, sans armes. Vers la captivité, avec le général Bigeard, le photographe Jean Péraud et le cameraman Pierre Schoendoerffer, nous avons marché pendant quinze jours avant qu'on nous entasse dans des camions recouverts d'une bâche. Pour nous garder, un commissaire politique et deux sentinelles qui n'avaient pas plus de 19 ans. Un soir, Péraud nous proposa de nous évader. Le camion roulait lentement, de nuit, tous feux éteints. Il nous fit signe, se glissa par une ouverture faite avec un couteau dans la bâche et disparut. Les sentinelles somnolaient. Schoendoerffer essaya à son tour mais s'accrocha à l'une des branches du camouflage. Le camion stoppa. L'alerte fut donnée, on nous fouilla et on me prit les rouleaux de photos que j'avais cachés. Une battue fut organisée pour retrouver Péraud, sans résultats. Nous ne l'avons jamais revu.

Meneur d'hommes

Le 20 novembre 1953, le commandant Bigeard conseille et entraîne ses paras. À Diên Biên Phu, la seule évocation de son indicatif radio, « Bruno », suffisait à remonter le moral des troupes. Cet ancien résistant devint général quatre étoiles.

À même le sol
Ces soldats blessés reçoivent les premiers secours de leurs camarades au cœur même du champ de bataille, avant de pouvoir rejoindre une position moins exposée.

Soulager
Même sans gants et le clope aux lèvres, le Dr Grauwin, qui examine ici un légionnaire blessé à la jambe, reste le meilleur des 10 médecins qui opèrent et soignent les blessés dans l'hôpital souterrain de la cuvette de Diên Biên Phu. Il trie lui-même les malades. On compte alors 100 blessés par jour et aucune évacuation n'est possible puisque les avions ne peuvent pas se poser.

Le photographe
Daniel Camus, alors âgé de 25 ans, sera fait prisonnier durant cette bataille, avec Pierre Schoendoerffer et Jean Péraud. Il est ici dans les tranchées, creusées en zigzag pour empêcher les tirs d'enfilade.

L'ange de Diên Biên Phu

Geneviève de Galard, infirmière militaire, lors de son arrivée à Luang Prabang au Laos, le 24 mai 1954. Elle sera la seule femme de Diên Biên Phu. À cause d'un pneu crevé, l'avion qu'elle aurait dû prendre pour sortir n'a pas décollé. Le lendemain, le pont aérien était interrompu. Nuit et jour, cette jeune fille, qui avait alors 29 ans, a assisté les médecins. Sur le champ de bataille, elle est devenue caporale d'honneur. Décorée de la Légion d'honneur, elle sera élevée, soixante-ans plus tard, à la dignité de Grand-Croix.

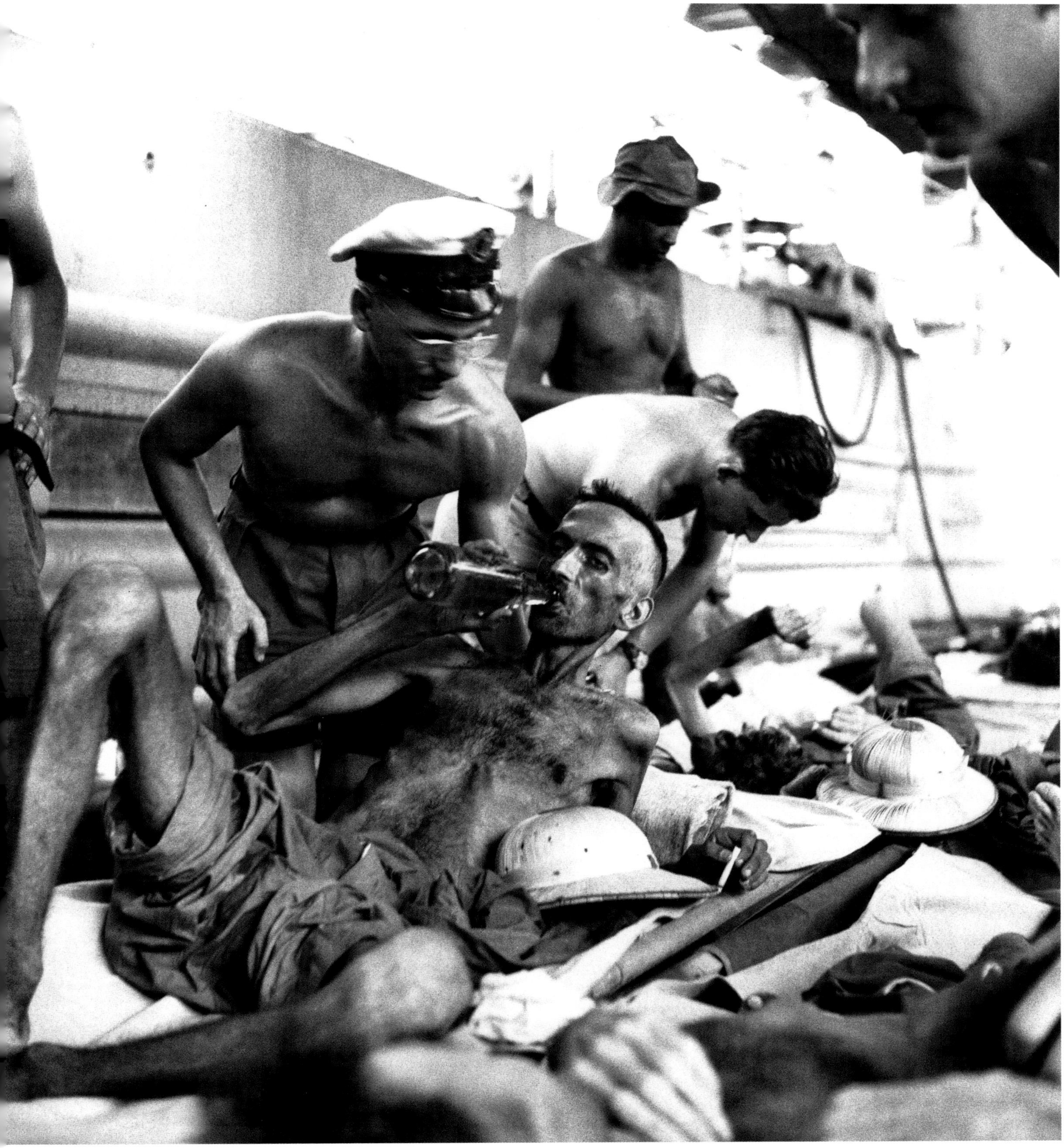

De retour de l'enfer

Le 14 juillet 1954, une semaine avant les accords de Genève, un échange de prisonniers est organisé entre la France et le Viet Minh du président Ho Chi Minh : 100 prisonniers sont échangés de part et d'autre à Sam Son, un petit village de pêcheurs. Ces hommes, qui ne sont pas morts de faim ou de dysenterie en détention, ont perdu beaucoup de leurs camarades dans la longue marche vers la liberté. Entre juin et septembre 1954, sur les 10 300 soldats français faits prisonniers à Diên Biên Phu, seuls 3 500 rejoindront leurs familles. « Un mois de plus, *dira Bigeard,* et nous étions tous morts. »

ASIE

VIETNAM
LE BOURBIER

1955-1975

« J'irai au paradis parce que j'ai fait mon enfer au Vietnam », avaient fait broder sur leurs vêtements les boys basés à Da Nang. Plus de 58 200 d'entre eux ne reviendront pas de ce marigot où l'Amérique s'est enlisée et qui fera environ 3 millions de morts. Des accords de Genève, qui ont mis fin à la guerre d'Indochine en 1954, naissent deux États : le Nord-Vietnam, communiste, soutenu par l'URSS et la Chine, et le Sud-Vietnam, appuyé par les États-Unis. Énième expression de la guerre froide. En 1964, après un échange de tirs entre torpilleurs vietnamiens et destroyers américains dans le golfe du Tonkin, les États-Unis déclenchent une intervention militaire de grande ampleur. Jusqu'à 500 000 soldats seront mobilisés. À Jean Lartéguy, qui sillonna le pays en 1965, un officiel américain confia : *« Nous ferons cette guerre brutalement. »* Il disait vrai : bombardements massifs, agent orange, napalm et massacres, comme à My Lai, où plus de 500 villageois sont tués à la baïonnette, les blessés traqués par les hélicoptères de combat. Outre-Atlantique, les Américains voient à la télévision – une première – leurs enfants tomber. Catherine Leroy, 23 ans, qui recevra quarante éclats de mortier, photographie le carnage d'un régiment de marines pris au piège de « la côte 881 ». Un médecin militaire, John Susko, reste au chevet de la jeune femme jour et nuit : *« Il faut l'aimer*, dit-il, *car elle n'a pas l'obligation d'être là mais elle fait connaître aux gens de chez nous ce que nous faisons. »* L'opinion publique américaine, choquée, proteste et les troupes finissent par se retirer après les accords de Paris, signés en 1973. Deux ans plus tard, les hommes du Viêt-Cong prennent Saigon. Malgré la puissance de feu américaine, le Nord l'a emporté, le pays est réunifié. Mais la violence des combats et l'utilisation des armes chimiques ont créé des ravages dans les corps comme dans les esprits, et pour des décennies.

Le chaos
Le 23 avril 1968, un hélicoptère vient évacuer les boys blessés lors de la bataille pour le contrôle de la vallée, hautement stratégique, d'A Shau.

« Les Américains régleront leurs comptes avec Dieu », me lance le père Currien, blessé, dont la paroisse a été bombardée.

Jean Lartéguy,
Paris Match, n° 860, 2 octobre 1965

Depuis six mois, le Viêt-Cong ne cesse d'accroître ses gains territoriaux. Il contrôle toutes les provinces au sud du dixième parallèle jusqu'aux bords de Saigon. Il est maître de toutes les routes. Aucun train ne circule plus depuis longtemps. Dans la population, il dispose de complicités innombrables.

Pendant trois semaines j'ai couru les hauts plateaux où les services secrets américains jouent aux apprentis sorciers, j'ai visité des grandes bases de la côte d'Annam où s'entassait un énorme matériel. Muni d'ordres de mission, vêtu d'un vague uniforme, j'attendais pendant des heures des avions-cargos qui sautaient comme des puces d'une ville à l'autre. Parfois, ayant remisé mon accoutrement militaire, je prenais la route interdite aux Américains.

J'ai utilisé des moyens de fortune: taxis, vieilles jeeps ou triporteurs conduits par des Chinois rigolards, de vieux légionnaires ou d'anciens SS, tous étrangement à l'aise dans ce monde en décomposition. J'ai traversé des rivières à gué à côté de ponts qui venaient d'être coupés et j'ai doublé de lourdes colonnes blindées que les Viêt-Cong regardaient passer, camouflés dans l'ombre verte d'une forêt d'hévéas.

J'ai dormi dans des camps américains entourés de barbelés, éclairés la nuit par des projecteurs, mais aussi dans des plantations où le *canh bo*, sorte de commissaire politique, venait égorger un coulis trop bavard à quelques centaines de mètres de la garnison gouvernementale. J'ai même échoué dans une léproserie en bordure de la zone non contrôlée. Les meilleurs ingénieurs du monde dotés du plus extraordinaire matériel qui ait jamais existé dans l'histoire militaire se côtoyaient et luttaient contre les meilleurs guérilleros du monde chaussés de sandales faites d'un morceau de pneu et équipés d'armes à feu hétéroclites. Mais, à leur manière, ils étaient aussi des ingénieurs qui avaient perfectionné jusqu'à la folie les techniques de la guerre subversive: la terreur, l'encadrement des masses et la persuasion. Jamais, dans l'histoire récente de la guerre subversive, n'a été mieux appliqué le précepte de Mao Zedong selon lequel l'armée doit être dans le peuple comme un poisson dans l'eau.

Nous avons choisi d'aller dans une des zones « libérées » qui s'étend à 150 km au sud de Saigon. Les troupes gouvernementales n'y sont pas venues depuis trois ans. Les Américains, par contre, n'ont jamais cessé d'y envoyer leur aviation. Au-dessus de ces terres inondées couvertes d'une épaisse végétation, chasseurs et bombardiers lâchent sur tout ce qui bouge, ressemble à un village ou à une embarcation, des bombes de 250 ou de 500 livres, roquettes et pots de napalm. Mais les Viêt-Cong, à côté de chacune de leurs bases, ont fabriqué des leurres et, sur leurs bases réelles, ne circulent jamais que de nuit ou à couvert. Mais ces leurres risquent de ne plus jouer longtemps leur rôle d'appâts contre les bombardements massifs et systématiques des B-52. Ceux-ci, dans les zones officiellement contrôlées par le Viêt-Cong, détruisent tout, kilomètre carré par kilomètre carré, rasant les arbres et les palétuviers, éventrant les digues sans se soucier de savoir si quelque chose vit ou survit en dessous d'eux.

À la clinique Saint-Paul de Saigon, j'ai retrouvé le père Currien, un Vosgien de Saulxures, au corps trapu. Il était curé près de Duc Co, où vivaient 17 000 réfugiés, il a été blessé dans le bombardement de son église. Ce jour-là, toute la zone subit les foudres du ciel. « *Il ne reste plus rien de toute cette région*, dit-il. *Quant aux pauvres montagnards dont on a détruit les villages et les greniers à riz, ils n'ont plus qu'à vivre comme des sangliers dans la forêt. Avant le bombardement, des haut-parleurs, depuis les avions, leur disaient de ne pas aller dans les champs et de rester dans leurs cases. Ils restaient dans leurs cases, mais on les bombardait quand même. Ou les Viêt-Cong les obligeaient à sortir et on les mitraillait dans les champs. J'ai vu mes fidèles brûler au milieu du napalm. J'ai vu les corps des enfants et des femmes disloqués par les bombes... C'est avec Dieu que les Américains régleront leurs comptes. Quand je suis arrivé à Saigon, deux d'entre eux ont voulu me conduire à l'hôpital dans leur voiture. Il y avait toujours devant mes yeux ces enfants et ces femmes qui grillaient. Je leur ai dit de foutre le camp parce que je n'aimais pas les assassins. Pourtant, c'étaient probablement de braves garçons, qui, à Saigon, devaient taper sur des machines à écrire et tout ignorer de cette guerre.* »

Ce qu'il reste d'humanité
Ce soldat américain porte dans ses bras un enfant mort de faim. Sa mère, bloquée 100 m plus loin par des tirs d'artillerie, n'a pas pu le nourrir. Il va lui creuser une sépulture pour l'enterrer dignement.

Témoin
Le photojournaliste britannique Don McCullin dans la ville fortifiée de Hué, au Sud-Vietnam, pendant l'offensive du Têt, lorsque les marines américains tentaient de reprendre la ville de Hué à l'armée nord-vietnamienne, en février 1968. Derrière lui, Myron Harrington, 24 ans, commandant de la compagnie de marines. McCullin passera onze jours avec eux : ils ne seront que 39 sur 120 à sortir vivants de cette bataille un mois plus tard.

La mort au vol
Dans l'hélicoptère Yankee papa 13, *le chef d'équipage, James C. Farley, vient de voir le copilote de l'appareil, le lieutenant Magel, tomber à ses pieds alors qu'ils s'apprêtaient à décoller. Il meurt quelques minutes plus tard. Ce cliché fera la couverture du magazine américain* Life *en avril 1965.*

Paris Match ***les a retrouvés dans le monde d'après***

En 2005, pour Paris Match, Catherine Leroy a revu l'infirmier Vernon Wike, chez lui, à Prescott, dans l'Arizona. Trente-huit ans après avoir pris cette photo, lors de l'assaut de la côte 881. Il souffre alors de stress post-traumatique, s'est marié quatre fois, a eu deux fils... L'aîné est alors en Irak, le cadet en prison. Sur son bras gauche sont tatoués les noms de ses camarades morts au Vietnam, et ses souvenirs de ce 30 avril 1967 sont encore vivaces : « Catherine est sur ma gauche, *décrit-il,* avec son appareil planté entre deux branches d'arbres. Je me penche sur Rock et je l'entends mourir. C'est le seul bruit que j'entends, les battements de son cœur qui, peu à peu, disparaissent. La balle est entrée dans la poitrine. Je cherche le trou par lequel elle a dû ressortir. Je ne trouve pas. Je prends le M16 de Rock, je le recharge. Mon camarade Bob me crie : "Doc, n'y va pas, on a besoin de toi." Puis une autre voix : "Jay a été blessé, Jay a besoin de toi." »

Catherine Leroy assure qu'il s'est lancé à l'assaut de la colline en hurlant. « Tu es sûre ? *lui demande-t-il.* Moi, je ne m'en souviens pas. — Absolument », *répond-elle.*

Durant ce reportage, Catherine Leroy a également retrouvé d'autres vétérans de cette guerre, figurant sur des photos restées dans l'Histoire, mais qui n'étaient pas les siennes. Parmi eux, le sergent d'artillerie Jeremiah Purdie, qui apparaît sur cette image prise par le Britannique Larry Burrows, tué au Laos en 1971. Sur ce cliché du 5 octobre 1966, Jeremiah Purdie, blessé, est conduit devant un camarade touché lui aussi, après un combat acharné pour le contrôle de la colline 484, au sud de la zone démilitarisée. Jeremiah ne savait rien de cet homme, arrivé le matin même en renfort, mais souhaitait être évacué avec lui. Aujourd'hui encore, on ignore son identité. De cette bataille, en plus des cauchemars, il avait ramené un minuscule éclat d'obus resté incrusté dans son crâne pendant vingt-six ans. « J'ai cru longtemps m'en sortir tout seul, *a-t-il confié à* Match. Mais avec les années, les rêves sont revenus. Ces morts m'obsédaient. » *La photo de Larry Burrows n'a jamais quitté le mur de son appartement, à Fayetteville, en Caroline du Nord. Quelques semaines après avoir posé pour Catherine Leroy, il meurt d'une crise cardiaque, à l'âge de 74 ans.*

ASIE

CAMBODGE
LA « RÉÉDUCATION » PAR L'EXTERMINATION

1975-1979

Faire table rase du passé, instaurer un ordre nouveau, voilà la volonté de Pol Pot, « chef suprême » des Khmers rouges, lorsqu'il arrive à la tête du Cambodge, rebaptisé « Kampuchéa démocratique », en avril 1975. Ce régime, paranoïaque et totalitaire, qui prétend imposer « le meilleur des mondes » institutionnalise la terreur. En quarante-huit heures, les villes sont vidées de leurs habitants relocalisés à la campagne, la religion et la monnaie sont abolies, les fonctionnaires, les intellectuels, les médecins ou encore les soldats, considérés comme des « scories de l'ancien régime », sont torturés puis exécutés. Toute forme d'urbanisation, d'occidentalisation, de modernité industrielle ou technologique est jugée suspecte.

Lorsque les Vietnamiens mettent fin à ce délire national maoïste génocidaire, en janvier 1979, un tiers de la population a été tué, soit 2 millions de personnes. Nos reporters Gérard Géry et Georges Ménager étaient à Phnom Penh lorsqu'elle fut assiégée par les Khmers rouges en mars 1975.

Trente ans plus tard, Benoît Gysembergh et Romain Clergeat réunissaient les derniers survivants du centre de torture S21 et leurs bourreaux.

Phnom Penh, ville morte

Pour purifier la nouvelle société de toute influence urbaine, capitaliste et occidentale, dès la prise de la ville, le 17 avril 1975, les Khmers rouges vident la capitale de ses habitants et détruisent tout ce qui, symboliquement, ne sert pas leur idéologie. Des centaines de milliers de citadins sont envoyés à la campagne, dans des fermes collectives.

L'attaque

En mars 1975, alors que Phnom Penh est assiégée par les Khmers rouges, une roquette, tombée devant l'hôtel Monorom*, fait onze morts.*

L'étau des rouges se resserre. Phnom Penh encerclée, Phnom Penh meurtrie, Phnom Penh tenaillée.

Georges Ménager

Paris Match, n° 1346, 22 mars 1975

Le sifflement macabre s'amplifie. Puis, soudain, l'explosion. À 80 m de moi, près du lycée Descartes de Phnom Penh, une roquette de 107 mm vient d'éclater. Sur le chemin mal bitumé qui dessert l'établissement scolaire, six personnes gisent mortellement touchées. Près du corps d'une femme, une fillette de 7 ans pousse des cris insoutenables. L'enfant a le flanc droit ensanglanté et le bras arraché. Vision d'horreur, vision quotidienne à Phnom Penh où, chaque semaine, 250 roquettes – de fabrication chinoise – sont tirées par les Khmers rouges sur la capitale cambodgienne. L'étau des rouges se resserre.

Phnom Penh encerclée, Phnom Penh meurtrie, Phnom Penh tenaillée. Depuis quatre ans, à cause de la guerre, le Cambodge se réduit comme peau de chagrin. Phnom Penh, Battambang, seconde ville du pays, et quelques villes moyennes et gros villages – au total 20 % du territoire – se défendent encore. Mais ces enclaves dans un Cambodge occupé ne tiennent plus qu'à un fil. Les pertes des gouvernementaux sont lourdes. Bilan provisoire : 10 000 morts et blessés. Le réservoir d'hommes s'amenuise.

Dans la capitale, la mobilisation générale a été proclamée. Sans résultat. Les « mobilisables » s'esquivent. Seuls quelques malchanceux sont enrôlés au cours des rafles – peu fréquentes – dans les quartiers populaires. Les réfugiés affluent. Ils sont parqués dans des camps de fortune. On évalue leur nombre à plus de 800 000, mais la misère, elle, est au-dessus de toute évaluation.

C'est le règne de la corruption et du marché noir. Les visas de sortie du pays se paient entre 500 000 et 1 million de riels. « *La plupart des soldats de l'armée gouvernementale,* explique un officier, *sont de jeunes paysans arrachés à la terre. On leur a dit de se battre. Mais quand on leur demande pourquoi ils se battent, ils sourient.* »

Les pleurs du souvenir
Dans l'ancien centre de torture S21, aménagé par les Khmers rouges à Phnom Penh. Chaque regard à l'intérieur de son ancien cachot replonge Bou Meng dans la terreur. Au cours des interrogatoires, ses bourreaux lui plongeaient la tête sous l'eau pendant des heures et lui arrachaient un à un les ongles des orteils. Le vol d'une mangue, par exmple, était considéré comme une preuve de sabotage. « Ne sois pas trop libre », *avaient fait inscrire les tortionnaires de l'autre côté de cette porte.*

Ici, on n'arrivait pas suspect pour finir coupable. On arrivait coupable, puisque suspect.

Romain Clergeat

Paris Match, n° 2913, 17 mars 2005

On reconnaît le bourreau de sa victime car elle vous regarde dans les yeux. Lui n'ose plus. Bou Meng n'avait pas 30 ans lorsqu'il fut arrêté avec sa femme dans une province près de Phnom Penh. «*On nous a bandé les yeux, menottés, battus puis conduits en cellule. Ils disaient que j'appartenais à la CIA. Je ne savais même pas ce que c'était. Les mains attachées, ils m'ont immergé la tête au fond d'une bassine d'eau durant des heures. Ils m'ont arraché les ongles des pieds. Alors j'ai dit oui à tout ce qu'ils me reprochaient. À ma traîtrise, à la CIA, à mon réseau. J'ai donné les noms de tous les gens que je connaissais. Je ne sais pas ce qu'ils sont devenus.*» Dans le dossier de Bou Meng, une confession extravagante dans laquelle il écrit avoir «*volé une mangue, volontairement cassé une cuillère en bois de la cantine collective, sciemment caché ses sandales pour en obtenir une autre paire…*». À côté de 23 des 68 noms qu'il a fournis, les Khmers rouges ont ajouté: «*arrêtés, interrogés, tués*».

Près de nous, Him Huy écoute en silence. Devenu Khmer rouge en 1972, il avait fini par occuper la cinquième position dans la hiérarchie de S21. «*J'étais juste un garde*», dit-il. Bou Meng s'écrie: «*Je sais que si tu ne faisais pas ce qu'ils te disaient, on t'aurait tué aussi. Mais reconnais ce que tu as fait! Sinon, tu insultes ceux qui sont morts, ceux que tu as tués.*»

Him Huy sort alors de son silence sans nous regarder: «*On nous disait que l'Angkar voyait tout […] et ces gens-là étaient des ennemis de la révolution. À cette époque, mon cœur n'écoutait pas mon cerveau.*» «*Mais, et les enfants? Les bébés?*» ai-je hasardé. «*L'Angkar disait qu'il fallait arracher les mauvaises herbes jusqu'à la racine.*» L'utilisation de la torture relevait d'un processus gradé, *a priori* rationnel. Ainsi, amener son nouveau-né devant une femme qu'on interroge, menacer de l'écraser contre le mur, le faire était considéré comme une étape moins «brutale» que de la frapper, elle, directement. Ici, on n'arrivait pas suspect pour finir coupable. On arrivait coupable, puisque suspect.

L'existence de S21 n'était connue que des dirigeants du parti, de ceux qui y travaillaient en autarcie totale et des prisonniers qu'on y amenait. Un secret bien gardé puisque personne n'en ressortait vivant.

ASIE

AFGHANISTAN
LE VIETNAM RUSSE
1979-1989

« Maintenant que les forces de l'impérialisme font une guerre à l'Afghanistan, l'unité du peuple afghan se renforce. C'est le gain invincible de la révolution d'Avril », publie l'agence moscovite Novosky en 1984. Cette « révolution » désigne le coup d'État qui a porté les communistes afghans au pouvoir, en avril 1978.

Six mois plus tard, en décembre 1979, l'armée soviétique entrait dans le pays pour soutenir ce gouvernement allié déjà contesté. Mais contrairement à ce qu'affirme la propagande, l'unité du peuple se fait contre l'Armée rouge, assiégée, qui ne peut rien face aux moudjahidin, ces « combattants de la foi » soutenus, entre autres, par les États-Unis. Sur ce territoire hostile et montagneux, qu'ils connaissent mieux que personne, les moudjahidin mènent une guerre d'usure qui fera 15 000 morts côté russe.

Patrick Forestier et le photographe Alain Mingam, qui ont assisté à l'exécution d'un « traître » avant de subir les foudres d'une attaque russe, ont été saisis par la force de leur détermination, légendaire. Qu'il soit perse, mongol ou britannique, aucun empire n'est jamais parvenu à briser la résistance afghane, qui a toujours su oublier ses rivalités pour lutter contre les envahisseurs. Un million d'Afghans, en majorité des civils, mourront dans ce conflit stérile où l'usage du napalm et du phosphore s'ajoute aux bombardements et aux mines antipersonnels. Plus de 3 millions d'entre eux trouvent refuge au Pakistan voisin, où ils croupissent dans des camps. C'est alors la première concentration de déplacés au monde. En 1988, Mikhaïl Gorbatchev annonce le retrait de ses troupes. Ce que certains qualifièrent de « Vietnam russe » va précipiter la chute de l'Empire soviétique deux ans plus tard et plonger l'Afghanistan dans la guerre civile.

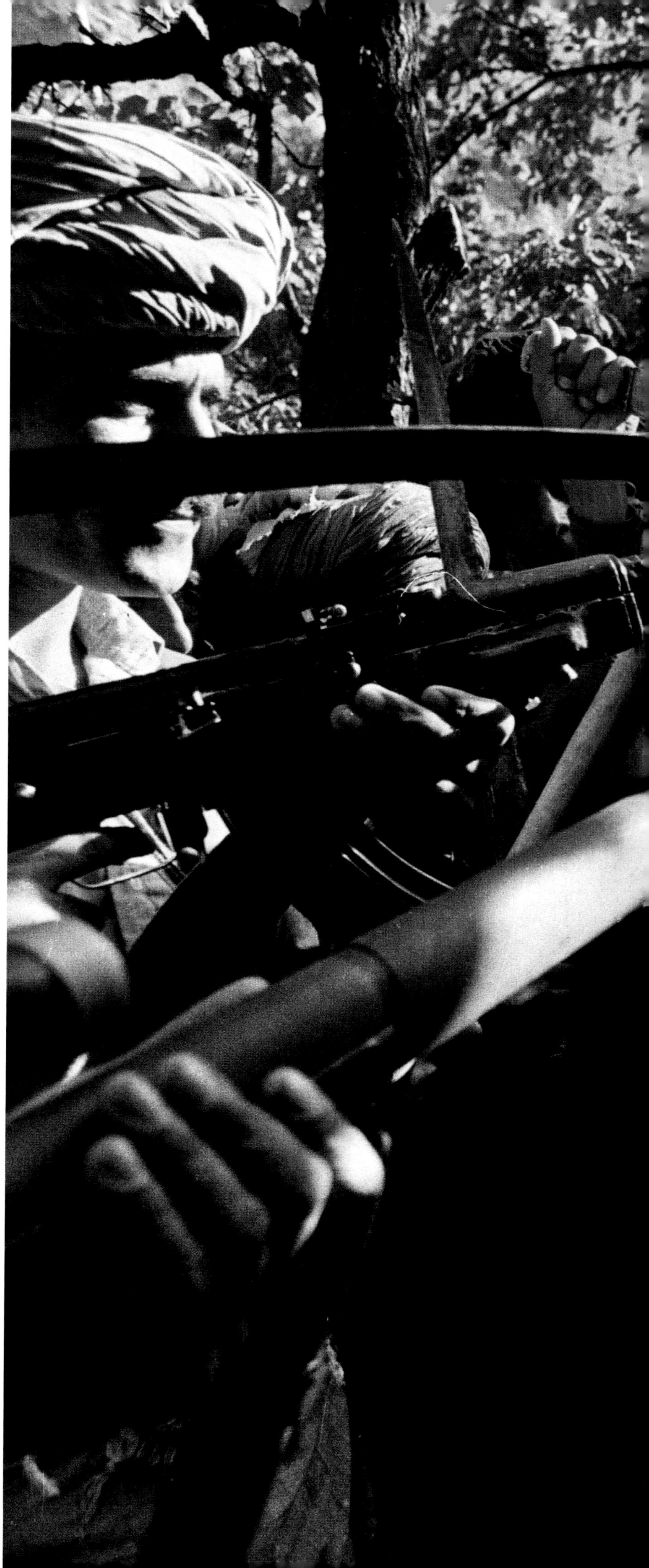

Face à la mort

En juin 1980, ces mudjahidin viennent de capturer un membre du « Parcham », l'une des deux fractions du Parti communiste afghan. Considéré comme un traître, il va être exécuté.

À chaque impact, la terre tremble. Pétrifié, le gamin est debout, ses pupilles fixes remplies de terreur.

Patrick Forestier

Paris Match, n° 1626, 25 juillet 1980

L'homme est debout, raide, les mains liées derrière le dos, le regard figé dans une immobilité terrifiante. Il ne tremble même pas lorsque les moudjahidin lui piquent le corps avec la baïonnette de leurs kalachnikovs. Cinquante combattants de la foi l'entourent, le bousculent. Ce condamné sexagénaire à la barbe blanche est un parchami, un militant du Parcham («drapeau»), l'une des deux fractions du Parti communiste afghan de Babrak Karmal, installé au pouvoir par les chars soviétiques en décembre 1979. Il est prisonnier des moudjahidin depuis trois jours pour avoir dénoncé neuf personnes de son village. Il l'a fait pour son fils, responsable important du Parti. Internés à Pol-e-Charki, la prison de Kaboul, les neuf hommes ont été assassinés.

Jugé par trois mollahs, en pleine montagne, à une cinquantaine de kilomètres de la capitale, le traître a été reconnu coupable. Il va être exécuté. Avec le photographe Alain Mingam, je tente vainement de convaincre Amir Mohamad Barch, 28 ans, qui commande les moudjahidin du secteur, d'annuler la sentence. Il sourit. Cette condamnation reste pour lui une évidence. Ses hommes se disputent la faveur de tuer le prisonnier. Mohamad Barch en choisit deux. Parmi eux, notre guide, 30 ans, petit, râblé, aux yeux bleu ciel. Il habitait la maison voisine du condamné et connaît mieux que personne ses méfaits. Il tire le premier. L'homme s'écroule sur le côté sans un cri. Une deuxième balle fait sursauter le corps. Alors, c'est la curée. Certains déchargent leur fusil sur le cadavre, d'autres prennent de grosses pierres et lapident le corps. Un homme, sabre à la main, frappe avec sa lame le pantin qui gît dans la rocaille.

Nous sommes à dix minutes de marche du village de Farza. Près de la route de Mazar-e-Charif, qu'empruntent les convois soviétiques pour venir d'URSS. Des soldats russes font sécher du linge sur le canon de leur char, d'autres se dorent au soleil, d'autres encore se baignent dans une rivière boueuse. Une décontraction apparente car les moudjahidin contrôlent toutes les campagnes autour de Kaboul. Ancien instituteur, Amir Mohamad Barch dirige un maquis de 1 300 hommes. Visiblement, des convois d'armes en provenance des pays islamiques ont réussi à pénétrer dans le pays. Beaucoup possèdent des kalachnikovs neuves. Mais la plus grande partie de l'armement continue à être récupérée sur l'ennemi, comme le prouve une magnifique Dachaka. Cette mitrailleuse lourde reste le seul moyen de défense sérieux que possèdent les moudjahidin contre la puissance de l'Armée rouge.

Tandis que nous allons passer la nuit dans une maison accrochée au flanc de la montagne, le commandant s'enfonce dans les ténèbres avec une centaine de ses hommes pour aller attaquer un poste soviétique non loin de là, sur la route de Kaboul. Nous étions loin de nous douter des conséquences de cette action. Jeudi matin, nous nous engageons en colonne sur le sentier qui serpente jusqu'à la rivière. Et soudain, le chuintement caractéristique d'un hélicoptère. Chacun trouve instantanément un tronc d'arbre ou un rocher pour se cacher. Le Mi-24 est sur nous. Je distingue ses roquettes et les deux mitrailleuses qui dépassent de son nez crochu. La Dachaka des rebelles «crache» en courtes rafales. L'hélicoptère semble touché, mais en quelques minutes, il y en a dix autres. Et c'est l'enfer. La riposte. Colossale. Allongés sur le ventre, les bras sur la tête, nous assistons, impuissants, à la bataille qui se déroule autour de nous. La Dachaka s'est tue. Devant, sur la gauche, j'aperçois un autre Mi-24, couleur sable. Il lâche de son bat-flanc deux bombes ovales qui tombent à une vingtaine de mètres de la rivière.

Nous nous précipitons, Alain Mingam et moi, derrière un rocher où sont terrés un adolescent et un gosse de 7 ou 8 ans. Les «hélicos» disparus, les Mig prennent le relais. Les moudjahidin ne tirent même plus. Je vois se balancer au bout d'un parachute blanc un cylindre d'environ 1,5 m de long. À peine touche-t-il le sol qu'il explose. Ces bombes se désintègrent en milliers d'éclats dans un rayon de plusieurs centaines de mètres. Les corolles blanches fleurissent dans le ciel. À chaque impact, la terre chancelle et tremble. Pétrifié, le gamin est debout, ses pupilles fixes remplies de terreur. Je le tire brutalement par le bras pour l'obliger à se coucher. Ce ballet de la mort continuera pendant trois quarts d'heure.

Omniprésents sur les routes, les Russes se font très discrets dans Kaboul où des réseaux de résistance se sont constitués. *«Lorsqu'il n'y aura plus de traîtres,* me dit un résistant du mouvement Hezbi Islami, *nous nous occuperons de l'envahisseur. Tout l'Afghanistan les hait. Un jour, ils regretteront d'être venus.»*

Le départ de l'Armée rouge

Le 6 février 1989, le dernier régiment de parachutistes soviétiques quitte l'Afghanistan et franchit le pont de l'amitié, qui, au-dessus de l'Amou-Daria, relie la ville afghane de Hairatan à la ville de Termez en Ouzbékistan où les Russes avaient installé une base militaire.

11 SEPTEMBRE 2001
« QUAND LE CŒUR DE L'AMÉRIQUE S'EST ARRÊTÉ DE BATTRE »

Ce matin-là, il est 8 h 46 lorsqu'un avion, en provenance de Boston, s'encastre dans la tour nord du World Trade Center. Dix-sept minutes plus tard, un second appareil percute la tour sud. Dans la foulée, un troisième est précipité sur le Pentagone alors qu'un quatrième, grâce à l'héroïsme de ses passagers, s'écrase dans un champ. À New York, les tours symboles de l'Amérique victorieuse s'écroulent en provoquant un tsunami de cendres, de béton et d'acier où périssent 2 753 personnes. Avec elles, les certitudes de l'Occident s'effondrent. Ces attaques, revendiquées par Al-Qaïda, précipitent le monde dans une guerre contre un ennemi invisible, le « terrorisme ».

ASIE

AFGHANISTAN
L'ÉCHEC DE L'AMÉRIQUE

1992-2021

Pour les États-Unis, *« la guerre contre le terrorisme »*, comme énoncé par George Bush, est le premier conflit du XXIe siècle. Le 7 octobre 2001, le président américain lance l'opération *Liberté immuable*. Sa cible : le régime des talibans qui abrite Oussama Ben Laden, chef d'Al-Qaïda. À la tête de l'Afghanistan depuis 1996, les étudiants en théologie avaient été largement financés par Oncle Sam lorsqu'ils luttaient contre l'Armée rouge.

Mais depuis la chute de l'Union soviétique, la donne a changé. Michel Peyrard, arrêté et condamné à mort par les talibans en octobre 2001, a été détenu au « poste n° 3 », à Jalalabad, à une encablure de la maison où vivait Ben Laden. Après sa libération, le grand reporter, revenu sur place, a recueilli le témoignage du chef de poste qui lui a raconté la fuite de l'homme le plus recherché du monde. Si le régime taliban est tombé en quelques semaines, Ben Laden, lui, ne sera retrouvé et tué que dix ans plus tard, au Pakistan, en mai 2011.

Trois ans plus tôt, dans un édito, Olivier Royant, alors directeur de la rédaction de *Paris Match*, écrivait : *« C'est la misère des Afghans qu'il faut vaincre. Sinon, c'est à Kaboul, dans le palais présidentiel, que les talibans donneront demain des interviews. »* Une prédiction qui s'est révélée juste : les bavures des forces de la coalition et la dégradation du pays mené par le gouvernement pro-occidental permettent aux talibans de regagner du terrain et du crédit.

En 2020, le président Trump annonce le retrait des forces américaines. Le 15 août 2021, Kaboul retombe aux mains des fous de Dieu. Manon Quérouil a pu constater les ravages de ce retour à l'oppression et à l'obscurantisme. Avec eux, le peuple afghan replonge dans les ténèbres.

Se faire accepter

Dans la province du Helmand, fief pachtoune et taliban, ce marine vient d'entrer dans un village sur la route de Marjah. Cette ville est alors la principale cible de l'opération Mushtarak, *« ensemble », lancée par le président Obama le 13 février 2010, et qui rassemblait des troupes américaines, britanniques et afghanes.*

L'esprit des bouddhas

En novembre 2001, les hazaras chiites membres du Hezb-i-Wahdat reprennent Bamiyan aux talibans, qui, six mois plus tôt, avaient dynamité les statuts de Bouddha reposant dans ces niches de pierres et datant du VIe siècle après J.-C.

« Les Américains ne pouvaient ignorer la présence de Ben Laden à Jalalabad », insiste Qari Zaiver.

Michel Peyrard,
Paris Match, n° 2756, 21 mars 2002

La nuit tombée, Qari Zaiver, le jeune directeur du poste n°3, convie quelques-uns de ses prisonniers à boire le thé, introduisant un peu d'humanité dans un univers qui en est dépourvu. Qari est entré en Talibanie comme chauffeur du Maulana Abdul Kabir, gouverneur de la province de Nangarhar et vice-Premier ministre, considéré comme le numéro 3 dans la hiérarchie des talibans. Dans la région de Jalalabad, Qari est devenu l'un des principaux cadres des services de renseignements, dirigés par le jeune Tajmir Jawad, 24 ans, auquel on impute des milliers d'arrestations arbitraires et plusieurs meurtres.

Les missions, délicates, commencent toujours par le même rituel : Tajmir indique à Qari un lieu, généralement situé dans les faubourgs de la ville. Toujours à la tombée de la nuit et jamais le même, comme le leur ont appris des anciens du KGB. Une fois arrivé, Qari stoppe le Land Rover à 50 m du véhicule du gouverneur Abdul Kabir. Tajmir parcourt ensuite cette distance à pied. Qari observe à la dérobée les trois silhouettes plongées dans la pénombre : Tajmir, Abdul Kabir et cet homme que les États-Unis ont promis d'exhiber « mort ou vif » : Oussama Ben Laden. À chacun de ces rendez-vous, Qari se demande comment les services de renseignements occidentaux peuvent ignorer la présence de Ben Laden dans cette ville qui a toujours été son fief. « *Pendant un mois,* s'étonne-t-il, *j'ai vécu avec la conviction que quelqu'un allait me contacter pour me dire : "Voici notre plan d'action." Mais rien.* »

Oussama Ben Laden a toujours entretenu des liens privilégiés avec Jalalabad. Après son départ forcé du Soudan en 1996, il s'est installé ici, au sud de la ville, au lieu-dit Farmada, où résidaient déjà une trentaine de combattants arabes d'Al-Qaïda. S'il a quitté Farmada peu avant le 7 octobre, il ne s'en est guère éloigné. C'est dans un corps de bâtiments, édifié par des fonds privés saoudiens, qu'Oussama Ben Laden fait ses adieux. Et prépare l'évacuation en bon ordre de ses troupes. Il a convié plusieurs centaines de chefs tribaux qui règnent sur la zone frontalière dans la région de Tora Bora. D'après les témoins, en cet après-midi du 10 novembre, le cheikh apparaît fatigué mais rayonnant. Vêtu d'un treillis, entouré d'une vingtaine de gardes, il galvanise l'assistance en rappelant les vertus du djihad.

Mardi 13 novembre. Il est environ 8 heures quand Tajmir Jawad ordonne à Qari Zaiver de le rejoindre. Le directeur du poste n°3 est inquiet. Kaboul vient de tomber. À la sortie de Jalalabad, près du pont de Baisud où Tajmir et ses sbires organisaient les exécutions publiques, la petite cohorte rejoint une colonne de 150 véhicules dont une cinquantaine occupés par des Arabes. « *Il y avait là leurs familles, femmes et enfants compris.* » Au total, près de 2 000 personnes. La colonne prend la direction de Tora Bora. La veille au soir, Ben Laden a procédé lui-même à une première évacuation de ses hommes. Babrak Shah, qui fut son employé, se souvient d'avoir vu le Saoudien peu après 21 h 30 ce jour-là. À l'abri d'un arbre, près de la mosquée de Farmada, l'homme le plus recherché du monde prenait tranquillement congé du gouverneur Abdul Kabir. Les talibans et leurs hôtes arabes paraissent sûrs de leur impunité.

Sur la route, Qari Zaiver est nerveux. « *Je redoutais que tous ces véhicules n'attirent l'aviation américaine. Je réalisais aussi que nous n'avions pas les mêmes priorités. Les talibans voulaient quitter l'Afghanistan pour rejoindre leurs familles dans les zones tribales pakistanaises. Les Arabes, eux, ne désiraient qu'une chose : combattre.* »

Lorsque trois jours plus tard débute la bataille de Tora Bora qui aurait dû sceller la fin d'Al-Qaïda et de son chef, les dés sont pipés. Selon les rares prisonniers arabes rescapés des bombardements, Ben Laden et les principaux cadres de l'organisation ont rejoint sans encombre le Pakistan avec la complicité des chefs de tribus préalablement achetés. « *Cette guerre scellera la faillite des services secrets occidentaux* », plastronnait Tajmir Jawad. Pour l'heure, l'histoire lui a donné raison. Sevrés de renseignements, peu résolus à engager des troupes au sol, préférant s'appuyer sur des chefs de guerre locaux plus soucieux d'asseoir leur pouvoir que de traquer leurs anciens « invités », les États-Unis ont laissé échapper ceux-là mêmes que visait Liberté immuable. « *Les Américains ne pouvaient ignorer la présence de Ben Laden à Jalalabad,* insiste Qari Zaiver. *J'ai parfois le sentiment qu'ils ne souhaitaient pas le capturer. Du moins, pas vivant.* »

La guerre en tongs
Le 11 mai 2009, des soldats américains du 1er bataillon du 26e régiment d'infanterie, pris par surprise, répliquent à une attaque soudaine des talibans contre leur camp, à Restrepo, dans la vallée de Korengal, surnommée « la vallée de la mort », dans l'est de l'Afghanistan.

La photo interdite

Le Pentagone aurait préféré ne jamais voir publiée cette image prise le vendredi 14 août 2009 par Julie Jacobson. Alors qu'elle suivait la compagnie Golf, le caporal Joshua Bernard, 21 ans, membre du 2e bataillon du 3e régiment de marines, avançait en éclaireur quand sa patrouille est tombée dans une embuscade des talibans, à Dahaneh, dans la province du Helmand. Une roquette lui a fauché les jambes, il n'a plus que deux heures à vivre.

« Le guerrier à une jambe »
Tel est le surnom du capitaine Daniel Luckett, dont on voit ici la prothèse et qui a perdu une jambe et un pied au combat en Irak. Comme lui, quarante soldats amputés ont obtenu le droit de revenir faire la guerre en Afghanistan.

Le drame d'Uzbin
À l'abri des Vab, les soigants à peine débarqués viennent au secours des hommes du 8e RPIMA, tombés dans une embuscade dans la vallée d'Uzbin, à l'est de Kaboul. Dix soldats français sont morts dans cette attaque perpétrée le 18 août 2008.

Urgence
Sous les tirs de kalachnikovs et de roquettes, un commando du GCP, le groupe de commandos parachutistes du 2e REP, régiment de la Légion étrangère, est pris en charge par les médecins de la 3e compagnie.

Les vigies du ciel
Les hélicoptères Caracal de transport de troupes et d'intervention rapide sont capables de voler à très basse altitude et de s'infiltrer dans les vallées les plus inaccessibles. Leurs hommes (au second plan) sont équipés de fusils-mitrailleurs Herstal capables de tirer mille coups à la minute. Eux seuls permettront de débarquer les soignants venus prodiguer les premiers soins aux victimes de l'attaque d'Uzbin.

Privée d'école, Zeinab, 13 ans, a sombré dans la dépression, l'ultime prison où les talibans ont précipité les femmes.

Manon Quérouil

Paris Match, n° 3928, 14 août 2024

Sa mère prévient: Zeinab ne sourit jamais et parle de moins en moins, atteinte d'un mal invisible qu'elle ne sait pas nommer. L'adolescente de 13 ans est prostrée dans la pièce unique où vit sa famille, dans un quartier pauvre de l'ouest de Kaboul. Ici, pas de route goudronnée mais un chemin de terre cahoteux, entre les habitations en torchis dépourvues d'eau courante et d'électricité. La vie n'a jamais été douce pour Zeinab mais, depuis le retour au pouvoir des talibans, elle est devenue impossible. Son père, opiomane et violent, a abandonné le foyer il y a cinq ans. À son départ, sa mère, Zahra, est parvenue à trouver un emploi de balayeuse de rue. Interdite de travail du jour au lendemain par les islamistes, elle n'a plus jamais porté l'uniforme et la casquette verte qui la rendaient si fière. Son fils aîné, handicapé mental, est incapable de subvenir aux besoins de la famille. Elle ne peut compter que sur Zeinab, et voilà que la petite dépérit.

Le 20 mars, jour de la rentrée des classes à Kaboul, l'aînée a regardé son petit frère, Ali, 8 ans, partir cartable sur le dos. Pour la troisième année consécutive, les filles de plus de 12 ans étaient exclues des écoles secondaires du pays. Et, pour la première fois, Zeinab, excellente élève, est restée à la maison. «*J'adorais l'école,* murmure-t-elle. *Je m'y sentais en sécurité.*» Sa mère lui répète sans y croire que les talibans seront un jour chassés, luttant contre le sentiment d'abandon qui a envahi des millions d'Afghanes. Depuis qu'elle ne peut plus étudier, Zeinab se lève chaque matin à 4 heures pour travailler dans une fabrique de tapis. Douze heures par jour, voûtée sur de larges métiers à tisser dans un hangar suffocant pour à peine plus de 1 euro. À force, ses yeux se sont mis à brûler si fort qu'elle a dû renoncer à son unique plaisir: regarder des séries turques chez un voisin qui possède une télévision. Exploitée, coupée de ses amies, la fillette a sombré dans la dépression, ce mal mystérieux devenu l'ultime prison dans laquelle les talibans ont précipité les femmes après les avoir emmurées vivantes, décret après décret. Privées d'éducation, de voyage, de sport, de parc, de salon de beauté.

Parce qu'il est un garçon, Hamza, lui, pourrait, en théorie, jouir des privilèges de son sexe, jouer au foot avec ses copains dans la rue ou devenir pilote d'hélicoptère, son rêve. Mais, à 11 ans, il n'a jamais mis les pieds à l'école, n'a pas d'amis et encore moins de projets d'avenir. Il se cache quelque part dans Kaboul, avec sa famille. Mohammed, son père, avait été embauché comme chef magasinier par l'armée française lors de son intervention en Afghanistan de 2001 à 2012, comme ce fut le cas d'un millier d'Afghans. Un an avant la fin de son contrat, Mohammed a été kidnappé en pleine rue. Ses ravisseurs lui ont intimé l'ordre de cesser ses activités avec les «infidèles».

Quelques mois plus tard, son premier fils, âgé de 2 ans, faisait une chute mortelle du sixième étage de leur immeuble. Ce qu'il s'est réellement passé ce jour-là, personne ne le sait. Trois semaines après la disparition de son enfant, le père recevait un appel anonyme: «*La prochaine fois, on tuera toute ta famille.*» Que les circonstances du décès n'aient jamais pu être établies ne change rien à la culpabilité qui le dévore. Mohammed est persuadé que son fils a été tué en raison de ses activités. Hamza est né un an après le drame. Pour le protéger, il n'a pas été scolarisé. Mohammed lui fait l'école à la maison, ainsi qu'à ses deux sœurs, condamnées à grandir entre quatre murs. «*Je dois vivre avec la responsabilité d'avoir détruit leur avenir,* lâche-t-il. *Quand je vois la détresse dans leurs yeux, j'ai envie de mourir.*» La famille a déménagé des dizaines de fois au cours des dernières années. Le 15 août 2021, la menace est brusquement devenue concrète. Mohammed et sa famille ont tenté de fuir. Après avoir attendu en vain d'être évacués, ils ont vendu tous leurs biens pour se rendre en Iran, à l'invitation de l'ambassade de France. Mais après des mois d'attente, le visa qui avait fini par leur être délivré a mystérieusement été annulé la veille de leur départ pour Paris. De retour en Afghanistan il y a huit mois, parents et enfants ont repris cette vie de clandestins dans leur propre pays. Hamza, taciturne, souffre de maux de ventre et de crises d'angoisse. Sa vie se résume à jouer avec ses sœurs dans une cour étroite qui évoque celle d'une prison, dont il ne sort que pour aider sa mère à ravitailler la famille. «*Je ne peux même pas aller à la mosquée*», lâche-t-il en se recroquevillant sur lui-même.

Des rêves foudroyés

Ce 26 juin 2022, presque un an après le retour au pouvoir des Talibans, Savita, 18 ans, mendie depuis des heures devant une boulangerie pour nourrir ses cinq frères et sœurs. Diplômée juste avant la chute de Kaboul, elle rêvait d'être journaliste.

L'énergie du désespoir

Le 16 août 2021, à Kaboul, hommes, femmes et enfants tentent de franchir le mur d'enceinte de l'aéroport Hamid Karzai, encore sous contrôle américain, pour tenter de monter dans les derniers avions quittant le pays. Des milliers de personnes s'accrochent aux trains d'atterrissage ou aux ailes des appareils les empêchant de décoller.

Le courage
Pour protester contre le retour au pouvoir des talibans, le 4 septembre 2021, une cinquantaine de femmes afghanes qui tentaient de manifester devant le palais présidentiel à Kaboul sont molestées et dispersées par les forces spéciales du nouveau régime.

L'oppresseur
Devant la mosquée de Shah-do Shamshira, le 21 avril 2023, les talibans, qui redoutent des attaques des membres de Daech, contrôlent les fidèles se rendant à la prière pour la célébration de l'Aïd.

La vie en noir
Dans le camp de réfugiés de Bagrami, à une trentaine de kilomètres de Kaboul, le 22 avril 2023. Kafka peine à nourrir ses filles âgées de 5 ans, de 3 ans et de 18 mois, depuis que l'aide internationale a été suspendue.

REMERCIEMENTS

Après avoir parcouru moi-même bien des terrains, j'ai souhaité, à travers cet ouvrage, rendre hommage au travail de ceux qui m'ont précédée, accompagnée, inspirée et, souvent, impressionnée. Tous ont contribué à forger la réputation de ce journal qui m'a vue grandir et ne ressemble à aucun autre. J'ai feuilleté des milliers de pages, il m'a fallu faire des choix et donc multiplier les deuils pour ne garder que le meilleur. J'ai alors réalisé combien ces récits font partie intégrante de notre mémoire collective. De notre histoire.

À toutes les victimes de ces conflits,
À ceux qui, sur le terrain, acceptent de témoigner,
À tous mes confrères, reporters et photographes « passeurs de mémoires »,
À Isabelle Lerein et Didier Ferat pour m'avoir permis de réaliser ce beau projet, à nos échanges à la fois riches et constructifs,
À Michel Maïquez pour son engagement, sa vision et cette narration aussi sensible que percutante,
À Marc Brincourt pour son œil de lynx et ses choix toujours pertinents,
À Gwenaelle de Kerros pour sa confiance et son enthousiasme,
À Jérôme Béglé pour sa bienveillance, ses encouragements et cette préface si juste,
Au service photo de Match pour son investissement sans faille auprès de ceux qui couvrent ces sujets difficiles,
À la documentation comme à la photothèque, infaillibles gardiens et fins connaisseurs du fantastique patrimoine de Match,
À Florence et Benoît Gysembergh, qui m'ont ouvert les portes de Match,
À Frédéric Lafargue, compagnon de route et de vie,
À Nina et Alain pour leur amour et leur soutien inconditionnels,
À Virginie pour l'amitié de toute une vie,
À Ava, pour qu'elle se souvienne et sache que, même s'il est parfois violent, le monde lui appartient.

CRÉDITS

Page 6-7 : Photo12/Alamy, page 8-9 : Russ Melcher/Dominique Berretty, page 11 : Jean-Pierre Pedrazzini/Paris Match/Scoop, page 12-13 : Jean-Pierre Pedrazzini/Paris Match/Scoop, Page 14 : Jean-Pierre Pedrazzini/ Paris Match/Scoop, Page 15 : Goess/ Paris Match, page 16-17 : Patrice Habans/Paris Match/Scoop, page 18 : Patrice Habans/Paris Match/Scoop, Page 20 : Patrice Habans/Paris Match/Scoop, page 21 : Jacques de Potier/Paris Match/Scoop, page 22-23 : Patrick Robert/Getty Images, page 25 : Benoît Gysembergh/Paris Match/Scoop, page 26 : David Brauchli/AP/Sipa, page 27 : Luc Delahaye/Sipa, page 28 : Benoît Gysembergh/Paris Match/Scoop, page 29 : Claude Azoulay/Paris Match/Scoop, page 30-37 : Laurent Van der Stockt, page : 38-41 : Frédéric Lafargue/Paris Match/Scoop, page 42-43 : Evgeniy Maloletkaa/Sipa/AP, page 44-45 : Frédéric Lafargue/Paris Match/ Scoop, page 46-47 : Jack Garofalo/Paris Match/Scoop, page 49 : François Pages/Paris Match/Scoop, page 50 : Charles Courrière/ Paris Match/Scoop, page 51 : Claude Azoulay/Paris Match/Scoop, page 52 : Charles Courrière/Paris Match/Scoop, page 53 : Jean-Pierre Biot/Paris Match/Scoop, page 54 : François Pages/Paris Match/Scoop, Daniel Camus/Paris Match/Scoop, page 55 : Daniel Camus/Paris Match/Scoop, page 56 : René Vital/ParisMatch/Scoop, page 57 : Maurice Jarnoux/Paris Match/Scoop, page 58-59 : Benoît Gysembergh/Paris Match/Scoop, page 60-61 : Raymond Depardon/Magnum Photos, page 62-65 : Alvaro Canovas/ Paris Match/Scoop, page 66 : Alvaro Canovas/Paris Match/Scoop, page 67 : Rémi Ochlik/ip3 press, page 68-69 : André Lefèbvre/ Paris Match/Scoop, page 71 : Daniel Camus/Paris Match/Scoop, page 72 : Patrice Habans/Paris Match/Scoop, page 73 : Charles Courrière/Paris Match/Scoop, Philippe Le Tellier/Paris Match/Scoop, page 74 : Charles Courrière/Paris Match/Scoop, page 75 : Daniel Camus/Paris Match/Scoop, page 76-80 : Jean-Claude Sauer/Paris Match/Scoop, page 82 : Daniel Camus/Paris Match/ Scoop, page 84-90 : Benoît Gysembergh/ Paris Match/Scoop, page 92-93 : Getty Images, page 94 : Peter Turnley/Getty/Images, page 96 : Peter Tunrley/Getty Images, Bernard Bisson/Getty Images, page 97 : Benoît Gysembergh/Paris Match/Scoop, page 98-99 : Richard Jeannelle/Paris Match/Scoop, page 101 : Sipa, page 102 : Benoît Gysembergh/Paris Match/Scoop, page 103 : Horst Faas/Sipa, Eric Lafforgue, page 104-105 : Archives Paris Match, page 107 : Daniel Camus/Paris Match/Scoop, page 108 : Jean Roy/ Paris Match/Scoop, page 109 : Daniel Camus/Paris Match/Scoop, Archives Paris Match, page 110-111 : Dan Porges/Getty Images, page 113 : Claude Azoulay/Paris Match/Scoop, 114 : Sipa, Getty Images, page 115 : Stan Meagher/Getty Images, page 117 : Claude Azoulay/Paris Match : Scoop, page 118 : Claude Azoulay/Scoop, Manuel Litran/Scoop, page 119 : Getty Images, page 120 -121 : Françoise Demulder, 123 : Claude Azoulay/Paris Match/Scoop, page 124-125 : Michel Philippot/Getty Images, 126-127 : Benoît Gysembergh/Paris Match/Scoop, page 128 : Yann Morvan/Sipa, page 129 : Benoît Gysembergh/Paris Match/scoop, page 130-131 : Alfred Yaghobzadeh/Paris Match/scoop, Page 133 : François Lochon/Gamma/Rapho, page 134-135 : Alfred yaghobzadeh/ François Lochon/Gamma/Rapho, page 136-137 : Thierry Esch/Paris Match/Scoop, page 138 : Shadi hatem/Sipa, page 140 : Alfred yaghobzadeh/Sipa, page 141 : Ilia Yefimovich/AFP, page 142 : Heidi Levine/Sipa, page 144-145 : Alvaro Canovas/Paris Match/ Scoop, page 146 : Heidi Levine/Sipa, page 148-149 : Benoît Gysembergh/Paris Match/Scoop, page 151 : Bernard Wis/Paris Match/ Scoop, page 152-153 : K Takahashi/Maxppp, page 154-155 : Alvaro Canovas/Paris Match/Scoop, page 156 : A Hassan/Reuters, page 157 : Olivier Jobard/Sipa, page 158-159 : Frédéric Lafargue, Page 160-161 : Frédéric Lafargue, page 162-163 : S Zaklin/Sipa, page 164-165 : Polaris, page 166-167 : Sipa/AP, page 169 : Alvaro Canovas/Paris Match/Scoop, page 170-171 : Alvaro Canovas/ Paris Match/Scoop, page 172-173 : Edouard Elias/Getty Images, page 174-175 : Ako rasheed/Reuters, 176-177 : Archives Paris Match, page 179 : Alfred Yaghobzadeh/Sipa, page 180-181 : Alfred Yaghobzadeh, page 183 : Coran Tomasevic/Reuters, page 184-185 : Frédéric Lafargue, page 186-187 : Alvaro Canovas/ Paris Match/Scoop, page 188-189 : Frédéric Lafargue, page 190-191 : Ziv Koren/Starface/polaris, page 192 : Ziv Koren/Starface/Polaris, Salam Plx/Abaca, Archives Paris Match, page 195 : Ziv Koren/ Starface/Polaris, 197-199, Ali Jadallah/AFP, page 200 : Imago/ PsnewZ/Bestimage, 201 : Omar Ashtawy/Apaimages, page 202-205 : Daniel Camus Paris Match/Scoop, page 206_207 : Paul Slade/Paris Match/Scoop, Daniel Camus/Paris Match/Scoop, page 208-213 : Benoît Gysembergh/Paris Match/Scoop, page 214-219 : Benoît Gysembergh/Paris Match/Scoop, page 220-221 : Michel Descamps/Paris Match/ Scoop, page 223 : Daniel Camus/Paris Match/Scoop, page 224 : : Daniel Camus/Paris Match/ Scoop, page 225 : Archives Paris Match, Ecpad, page 226 : Archives Paris Match, Page 227 : René Vital/Paris Match/Scoop, page 228-229 : Bettmann archive, page 231 : Jean-Claude Sauer/Paris Match/Scoop, page 232 : Nik Wheeler/Getty Images, page 233 : Larry Burrows/Life, page 234 : Catherine Leroy, Larry Burrows/Life, page 235 : Catherine Leroy, page 236_237 : Pictures from History/Universal Images, page 238-239 : Gerard Géry/Paris Match/Scoop, page 240-241 : Benoît Gysembergh Paris Match/Scoop, 242-243 : Alain Mingam/Gamma/Rapho, Page 245 : Vitaly/AFP, page 246-247 : Chris Hondros/Getty Images, page 248-249 : Alvaro Canovas/Paris Match/Scoop, page 251 : David Guttenfelder/Sipa/AP, page 252 : Julie Jacobson/Sipa/ AP, page 253 : Chris Hondros/Getty Images, page 254 : DR, JonathanAlpeyrie/Starface/Polaris, page 255 : Thomas Goisque, page 257 : Véronique de Viguerie/Paris Match/Scoop, page 258 : Hardon Sabanoon/AFP/Anadolou Agency, page, 259 : Véronique de Viguerie/Paris Match/Scoop, page 260-261 : Alvaro Canovas/Paris Match/Scoop, Photo de couverture : Catherine Leroy.